齋藤孝の
書いておぼえる

語《ご》彙《い》力《りょく》アップドリル

四字熟語　ことわざ　慣用句

明治大学文学部教授
齋藤孝

幻冬舎

はじめに

楽《たの》しみながら「ことば」をふやそう

明治大学文学部教授《めいじだいがくぶんがくぶきょうじゅ》　齋藤《さいとう》 孝《たかし》

語彙力《ごいりょく》があると得《とく》するってホントかな?

人《ひと》に気持《きも》ちを伝《つた》えるときに、いちばん大切《たいせつ》なものって何《なに》かな?

それは、ことばです。

ことばがあるから、気持《きも》ちも伝《つた》わる。ことばをあまり知《し》らないと、気持《きも》ちもきちんと伝《つた》えられない。

おもしろいことも、かっこいいことも、すごいことも、ひどいことも、全部《ぜんぶ》「やばい」の一言《ひとこと》ですませていると、ことばがどんどん少《すく》なくなってしまいます。

知《し》っていることばの数《かず》が多《おお》いことを「語彙力《ごいりょく》がある」と言《い》います。語彙力《ごいりょく》があれば、いろいろなことを正《せい》確《かく》に伝《つた》えられます。たくさんの日本語《にほんご》を知《し》ることで、細《こま》やかに正確《せいかく》に物事《ものごと》を伝《つた》えられるようにしよう、というのがこのドリルのねらいです。

四字熟語《よじじゅくご》やことわざって何《なに》がいいの？

四字熟語《よじじゅくご》やことわざというのは、昔《むかし》の人《ひと》が「こんなことばがあると便利《べんり》だなあ」と思《おも》って長年使《ながねんつか》ってきたものです。たとえば、二《ふた》つのものがいっぺんに手《て》に入《はい》ったとき、そのままの文章《ぶんしょう》よりも、「一石二鳥《いっせきにちょう》」とか「一挙両得《いっきょりょうとく》」と言《い》ったほうが、得《とく》した気分《きぶん》がピタリと表現《ひょうげん》できて、相手《あいて》にも意味《いみ》がはっきりと伝《つた》わります。

「そんなことばなんて、知《し》らなくてもいいじゃないか」と思《おも》う人《ひと》がいたら、それは大《おお》きなまちがいです。

ことばは知《し》っているだけ、世界《せかい》が広《ひろ》がるんです。小学生《しょうがくせい》のうちにたくさんのことばをおぼえていれば、それだけ表現《ひょうげん》できることが多《おお》くなっていくわけです。

遊《あそ》びながらことばをふやせる工夫《くふう》がいっぱい！

このドリルは、四百七十《よんひゃくななじゅう》以上《いじょう》の四字熟語《よじじゅくご》やことわざ・慣用句《かんようく》をクイズやパズル形式《けいしき》で出題《しゅつだい》しています。遊《あそ》びのつもりでやってみてください。裏《うら》のページにはことばの意味《いみ》をのせてあるので、そこでちゃんとおぼえることができます。

遊《あそ》びの中《なか》でおぼえたことばを、こんどは毎日《まいにち》の生活《せいかつ》の中《なか》で使《つか》ってみましょう。

四字熟語《よじじゅくご》やことわざがピタリと自分《じぶん》の気持《きも》ちを表《あらわ》してくれたときの気持《きも》ちよさがわかるはずです。まわりの人《ひと》も「まさにその通《とお》りだね」と思《おも》ってくれれば、自分《じぶん》が感《かん》じたことがうまく伝《つた》わったということなんです。

中学受験《ちゅうがくじゅけん》のじゅんびだって、このドリルで楽《たの》しみながらできますよ。さあ、語彙力《ごいりょく》を高《たか》めて、あなたの世《せ》界《かい》を広《ひろ》げましょう。

もくじ

さあ　いっしょに
がんばりましょ――!!

このドリルの使《つか》いかた

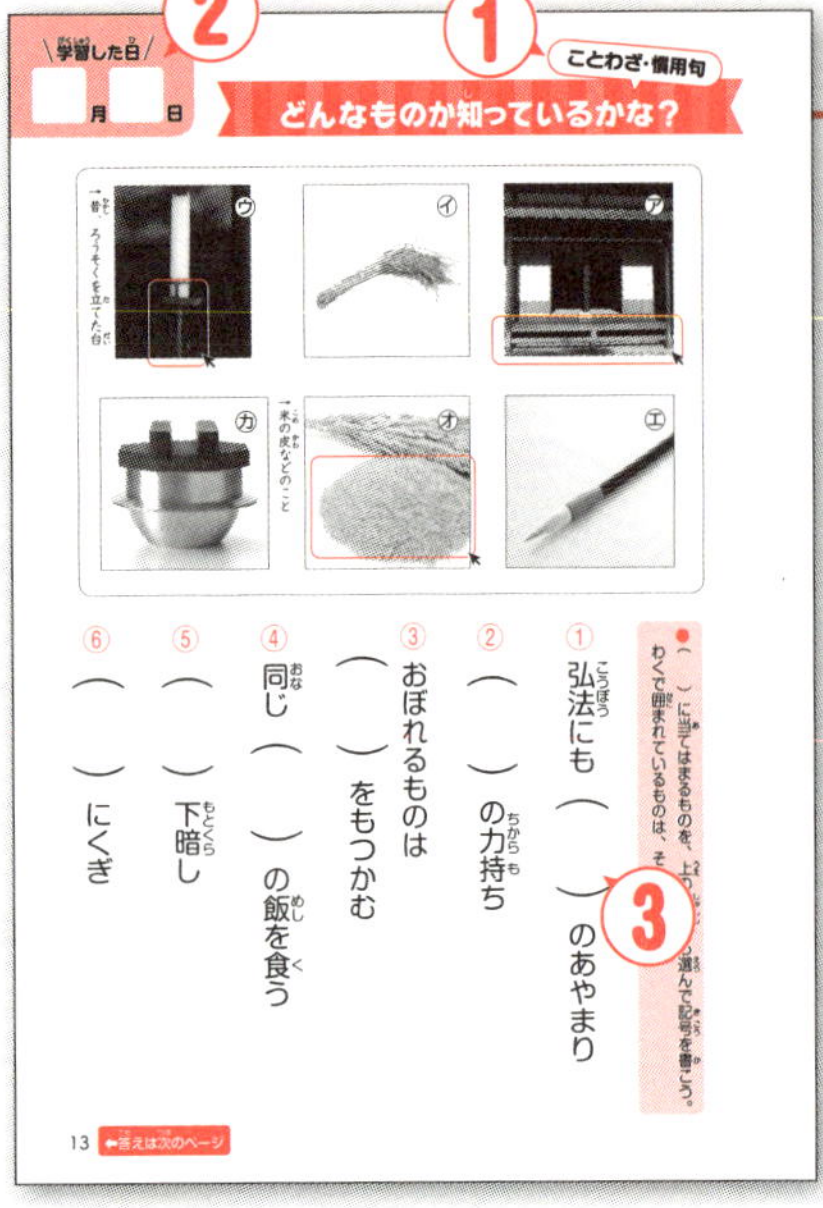

2
1
学習した日
月 日
ことわざ・慣用句
どんなものが知っているかな？
3
① 弘法にも（ ）のあやまり
② （ ）の力持ち
③ おぼれるものは（ ）をもつかむ
④ 同じ（ ）の飯を食う
⑤ （ ）下暗し
⑥ （ ）にくぎ
13

[問題《もんだい》ページ]

① **「ことわざ・慣用句《かんようく》」**と**「四字熟語《よじじゅくご》」**にわけてあり、取《と》り組《く》みたい問題《もんだい》や好《す》きな内容《ないよう》に挑戦《ちょうせん》できます。**さまざまな種類《しゅるい》の問題《もんだい》**があるので、おもしろそうなページから手《て》をつけてみましょう。

② **学習《がくしゅう》した日《ひ》**を書《か》きこんで、進《すす》めましょう。

③ 答《こた》えを**書きこみ**ながら使《つか》いましょう。**クイズ**や**パズル**も楽《たの》しみながらやると、ことばがどんどん身近《みぢか》に感《かん》じられるようになりますよ。

4
5
27ページの答え
キミはどっちタイプ？
「転んでもただでは起きない」タイプ
「転ばぬ先のつえ」タイプ
6
28

[解答《かいとう》・解説《かいせつ》ページ]

④ **答《こた》え**と**ことばの意味《いみ》**を説明《せつめい》しています。知《し》らないことばがあったらよく読《よ》んで、どんな意味《いみ》なのか、しっかり身《み》につけましょう。

⑤ 答《こた》えは**赤《あか》シート**をのせると見《み》えなくなります。百円《ひゃくえん》ショップなどで赤《あか》シートを買《か》って使《つか》えば、受験勉強《じゅけんべんきょう》にも役立《やくだ》ちますよ。

⑥ **先生《せんせい》の解説《かいせつ》**や**マンガ**で、より深《ふか》くことばを楽《たの》しむことができます。

このドリルなら、楽《たの》しみながら、どんどんことばをおぼえられるよ！

7
さくいん
91

[さくいんページ]

⑦ このドリルにのっている、**ことわざ・慣用句《かんようく》**や**四字熟語《よじじゅくご》**などがすべて**あいうえお順《じゅん》**にならんでいます。**調《しら》べたいことば**があるとき、すぐに**意味《いみ》**がのっているページがわかりますよ。

学習《がくしゅう》した日《ひ》
月　日

ことわざ・慣用句

正《ただ》しいことばを完成《かんせい》させよう

●（　）に当《あ》てはまることばを、下《した》の□から選《えら》んで書《か》こう。

①スピーチコンテストに出《で》るんだってね。思《おも》い切《き》ってやってみればいいよ。**案《あん》ずるより（　　　）がやすし**で、心配《しんぱい》しすぎないことが大切《たいせつ》さ。

②ぼくのおじさんは、本場《ほんば》フランスで料理《りょうり》の勉強《べんきょう》をしたかいがあって、今年《ことし》自分《じぶん》のレストランを開《ひら》くそうだ。**石《いし》の上《うえ》にも（　　　）**だね。

③いたずら好《ず》きのタロウに何《なに》を言《い》ってもムダだよ。**かえるの面《つら》に（　　　）**で、ぜんぜん反省《はんせい》しないんだから。

④みんなで学芸会《がくげいかい》のアイデアを考《かんが》えてみようよ。**（　　　）よれば文殊《もんじゅ》の知恵《ちえ》**と言《い》うから、何《なに》か思《おも》いつくんじゃないかな。

⑤ハルカさん、テニス大会《たいかい》の決勝《けっしょう》で相手《あいて》が体調《たいちょう》をくずして、戦《たたか》わないで優勝《ゆうしょう》したんだって。まるで**棚《たな》から（　　　）**だね。

⑥おばあちゃんにゲームを買《か》ってもらって、おじいちゃんからおこづかいをもらおうなんて、**（　　　）がいい**話《はなし》だ。

⑦また宿題《しゅくだい》をわすれたのか。**仏《ほとけ》の顔《かお》も（　　　）**までだから、次《つぎ》はゆるさないぞ。

⑧子《こ》どもの遠足《えんそく》のコースを下見《したみ》に行《い》くなんて、キミのお父《とう》さんは**石橋《いしばし》をたたいて（　　　）**タイプなんだね。

三度《さんど》	三人《さんにん》	三年《さんねん》	ぼたもち	水《みず》	虫《むし》	渡《わた》る	産《う》む

←答《こた》えは次《つぎ》のページ

【7ページの答え】

①案《あん》ずるより（産《う》む）がやすし

意味　いろいろと考《かんが》えるよりも、行動《こうどう》を起《お》こしてみれば、意外《いがい》と楽《らく》にできるかもしれないということ。

②石《いし》の上《うえ》にも（三年《さんねん》）

意味　むずかしいことでもがまん強《づよ》く続《つづ》けていけば、やがてうまくいく日《ひ》がやってくるということ。

③かえるの面《つら》に（水《みず》）

意味　どんなことも気《き》にしないようす。かえるは水《みず》の中《なか》で育《そだ》つため、水《みず》をかけられても気《き》にしないことから。

④（三人《さんにん》）よれば文殊《もんじゅ》の知恵《ちえ》

意味　一人《ひとり》ではいいアイデアが生《う》まれなくても、三人集《さんにんあつ》まれば、何《なに》かしら思《おも》いつくということ。

⑤棚《たな》から（ぼたもち）

意味　何《なん》の努力《どりょく》もしていないのに、思《おも》わず良《よ》い結果《けっか》を得《え》ること。短《みじか》くして「棚《たな》ぼた」とも言《い》う。

⑥（虫《むし》）がいい

意味　自分《じぶん》の都合《つごう》ばかりを考《かんが》えていること。

⑦仏《ほとけ》の顔《かお》も（三度《さんど》）

意味　一度《いちど》や二度《にど》の失敗《しっぱい》ならゆるしてくれる心《こころ》の広《ひろ》い人《ひと》でも、同《おな》じことを何度《なんど》もくり返《かえ》せば、最後《さいご》にはおこってしまうという意味《いみ》。

⑧石橋《いしばし》をたたいて（渡《わた》る）

意味　用心深《ようじんぶか》く物事《ものごと》を進《すす》めることのたとえ。石《いし》でできたしっかりとした橋《はし》でも、どこかにひびが入《はい》っていないかと、たたいて調《しら》べながら渡《わた》るようす。

学習《がくしゅう》した日《ひ》

月　日

どれが正《ただ》しい意味《いみ》だろう？

●太字《ふとじ》のことばの正《ただ》しい意味《いみ》に○をつけよう。

① 昨日《きのう》の言《い》い争《あらそ》いは**水《みず》に流《なが》そう。**

ア（　）もう一度《いちど》話《はな》し合《あ》う。
イ（　）前《まえ》に起《お》きたトラブルをなかったことにする。
ウ（　）相手《あいて》をゆるす。

② じゅんびが間《ま》に合《あ》わないと発表会《はっぴょうかい》の日《ひ》をずらして、**あげくの果《は》て**には中止《ちゅうし》だなんて、いいかげんだよ。

ア（　）結局《けっきょく》。最後《さいご》には。
イ（　）てきとうにやっていること。
ウ（　）人《ひと》にめいわくをかけること。

③ ナツミさんは、バレエを小《ちい》さいころから習《なら》っているから、トウシューズをはくすがたが**板《いた》についている。**

ア（　）よく目立《めだ》って見《み》える。
イ（　）あきあきしてイヤな感《かん》じがする。
ウ（　）その立場《たちば》にふさわしく見《み》える。

④ マンガをすてると言《い》っていた友人《ゆうじん》が、ぼくが持《も》っていない第一巻《だいいっかん》だけを「百円《ひゃくえん》で売《う》る」と、**足元《あしもと》を見《み》る**ようなことを言《い》い始《はじ》めた。

ア（　）理由《りゆう》にならないような言《い》いわけを言《い》う。
イ（　）弱《よわ》みにつけこむ。
ウ（　）見《み》なかったことにして、失敗《しっぱい》を見《み》のがす。

⑤ 母《はは》はおこづかいの値上《ねあ》げについて**お茶《ちゃ》をにごした。**

ア（　）うそをつく。
イ（　）問題《もんだい》にせず、笑《わら》ってすます。
ウ（　）てきとうなことを言《い》って、その場《ば》をごまかす。

⑥ 「そうだね」と**あいづちを打《う》って**聞《き》く。

ア（　）絵文字《えもじ》を使《つか》ったメールを打《う》つ。
イ（　）手《て》をたたきながら話《はなし》をする。
ウ（　）うなずいたりしながら、人《ひと》の話《はなし》に調子《ちょうし》を合《あ》わせる。

⑦ バレンタインデーにクラスでいちばんたくさんのチョコをもらったので、最近《さいきん》タカシは**図《ず》に乗《の》っている。**

ア（　）調子《ちょうし》に乗《の》っている。
イ（　）人気《にんき》がある。
ウ（　）思《おも》った通《とお》りになる。

⑧ けいたい電話《でんわ》をなくしてしまって、兄《あに》は**途方《とほう》に暮《く》れていた。**

ア（　）夜《よる》から朝《あさ》までずっと泣《な》いていること。
イ（　）とてつもなくおこっている。
ウ（　）どうすればいいのかわからず、こまり果《は》てる。

←答《こた》えは次《つぎ》のページ

【9ページの答え】

①水《みず》に流《なが》す……イ
意味　前《まえ》に起《お》きたトラブルをなかったことにする。

②あげくの果《は》て……ア
意味　結局《けっきょく》。最後《さいご》には。

③板《いた》につく……ウ
意味　その立場《たちば》にふさわしく見《み》える。

④足元《あしもと》を見《み》る……イ
意味　弱《よわ》みにつけこむ。

⑤お茶《ちゃ》をにごす……ウ
意味　てきとうなことを言《い》って、その場《ば》をごまかす。

⑥あいづちを打《う》つ……ウ
意味　うなずいたりしながら、人《ひと》の話《はなし》に調子《ちょうし》を合《あ》わせる。

⑦図《ず》に乗《の》る……ア
意味　調子《ちょうし》に乗《の》っている。

⑧途方《とほう》に暮《く》れる……ウ
意味　どうすればいいのかわからず、こまり果《は》てる。

「板《いた》につく」の**板《いた》**ってどんな板《いた》だと思《おも》う？

かまぼこ板《いた》かな、それともまな板《いた》かな？

答《こた》えは「おしばいの舞台《ぶたい》」のこと！

役者《やくしゃ》が経験《けいけん》を積《つ》んで、芸《げい》がその舞台《ぶたい》にしっくりと調和《ちょうわ》するようになることを**「板《いた》につく」**と表現《ひょうげん》したんだ。

キミも、つくえに向《む》かって勉強《べんきょう》するすがたが板《いた》についてきたかな？

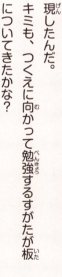

学習《がくしゅう》した日《ひ》
月　日

四字熟語

四字熟語《よじじゅくご》、ちゃんと結《むす》べるかな？

例《れい》のように漢字《かんじ》を一文字《ひともじ》ずつ線《せん》で結《むす》んで、四字熟語《よじじゅくご》を完成《かんせい》させよう。

例《れい》

百《ひゃく》
今《こん》
東《とう》
磨《ま》

古《こ》
戦《せん》
不《ふ》
西《ざい》

優《ゆう》
人《じん》
錬《れん》
到《とう》

前《ぜん》
柔《じゅう》
未《み》
断《だん》

明《めい》
鏡《きょう》
深《しん》
闘《とう》

文《ぶん》
味《み》
止《し》
道《どう》

意《い》
戦《せん》
苦《く》
長《ちょう》

悪《あく》
武《ぶ》
両《りょう》
水《すい》

←答《こた》えは次《つぎ》のページ

【11ページの答え】

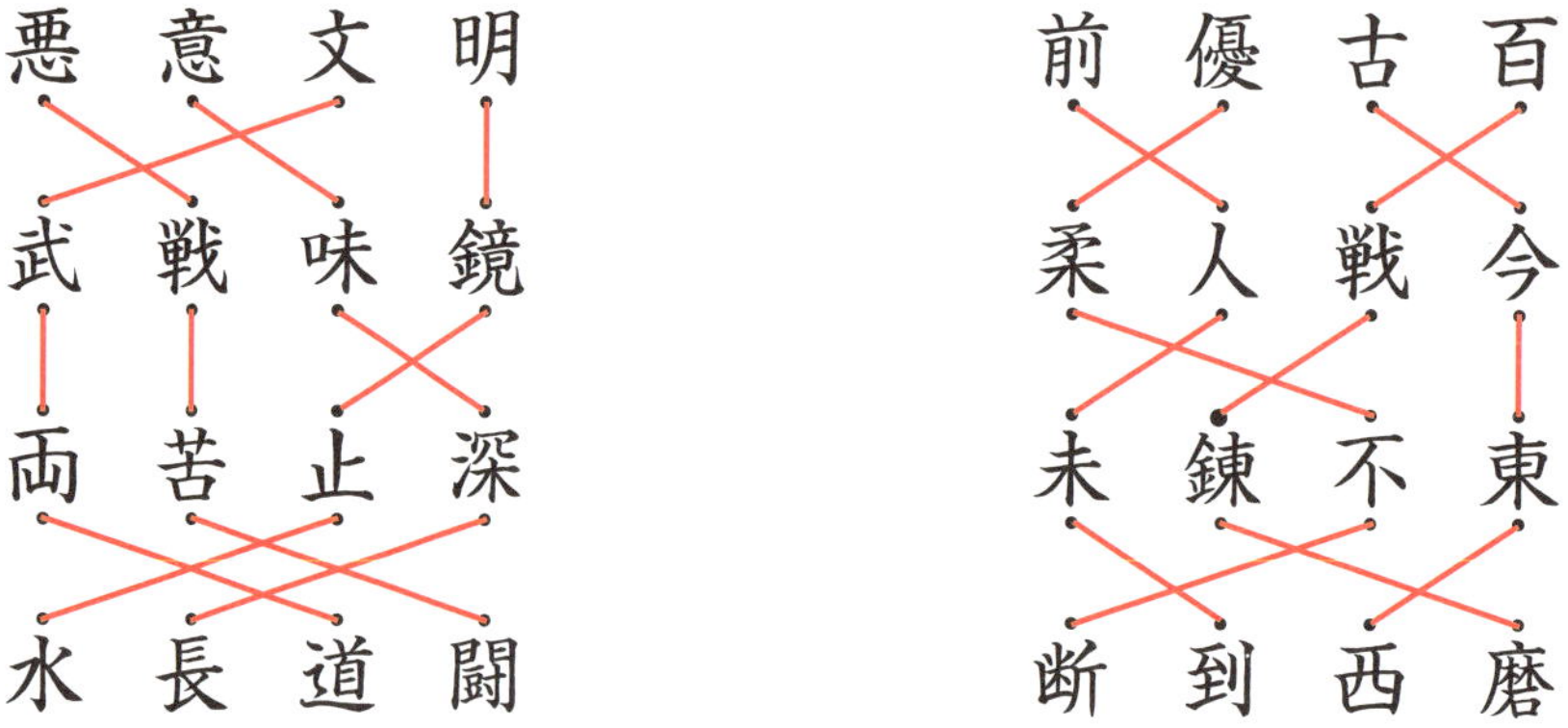

百戦錬磨《ひゃくせんれんま》
意味　たくさんの戦《たたか》いや本番《ほんばん》を経験《けいけん》して、実力《じつりょく》を高《たか》めること。

古今東西《ここんとうざい》
意味　古《ふる》い昔《むかし》から今《いま》まで、いろいろなところで。

優柔不断《ゆうじゅうふだん》
意味　考《かんが》えこんでしまい、なかなか決《き》められないこと。

前人未到《ぜんじんみとう》
意味　まだだれもやったことがないこと。

明鏡止水《めいきょうしすい》
意味　何事《なにごと》にもみだされない、静《しず》かな心持《こころも》ちのこと。

文武両道《ぶんぶりょうどう》
意味　勉強《べんきょう》(文《ぶん》)とスポーツ(武《ぶ》)の両方《りょうほう》がよくできること。

意味深長《いみしんちょう》
意味　深《ふか》い意味《いみ》がある・ふくまれていること。

悪戦苦闘《あくせんくとう》
意味　不利《ふり》な戦《たたか》いに勝《か》つために、必死《ひっし》に努力《どりょく》すること。

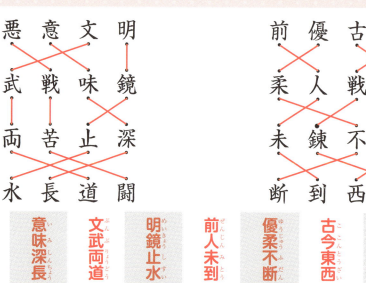

学習《がくしゅう》した日《ひ》　　月　　日

ことわざ・慣用句

どんなものか知《し》っているかな？

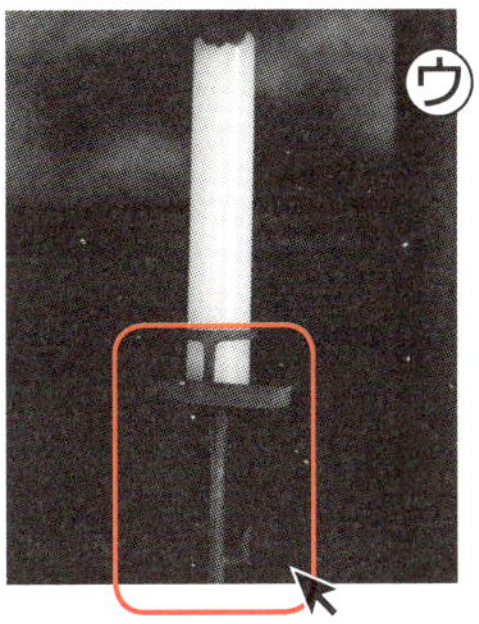

→昔《むかし》、ろうそくを立《た》てた台《だい》

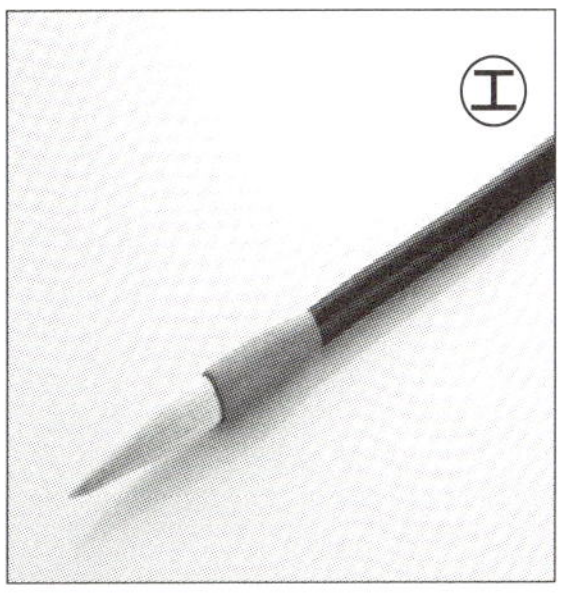

→米《こめ》の皮《かわ》などのこと

●（　）に当《あ》てはまるものを、上《うえ》の写真《しゃしん》から選《えら》んで記号《きごう》を書《か》こう。わくで囲《かこ》まれているものは、その部分《ぶぶん》だよ。

① 弘法《こうぼう》にも（　）のあやまり

② （　）の力持《ちからも》ち

③ おぼれるものは（　）をもつかむ

④ 同《おな》じ（　）の飯《めし》を食《く》う

⑤ （　）下暗《もとくら》し

⑥ （　）にくぎ

←答《こた》えは次《つぎ》のページ

▼▼▼【13ページの答え】

①弘法《こうぼう》にも（エ筆《ふで》）のあやまり

意味　どんな名人《めいじん》でも失敗《しっぱい》することがある。

②（ア縁《えん》の下《した》）の力持《ちからも》ち

意味　人《ひと》の目《め》につかない所《ところ》で、ほかの人《ひと》のために苦労《くろう》すること。または、その人《ひと》のこと。縁側《えんがわ》の下《した》は人目《ひとめ》につかないけど、家《いえ》をささえている。

③おぼれるものは（イわら）をもつかむ

意味　とても苦《くる》しいときには、どんなにたよりないものでもつかんで、助《たす》かろうとすること。

④同《おな》じ（カかま）の飯《めし》を食《く》う

意味　いっしょに生活《せいかつ》をすること。食事《しょくじ》をともにして、苦楽《くらく》もともに分《わ》かち合《あ》ったことのたとえ。「かま」は、昔《むかし》ご飯《はん》をたくのに使《つか》った道具《どうぐ》。

⑤（ウ灯台《とうだい》）下暗《もとくら》し

意味　身近《みぢか》なことは気《き》づきにくいこと。「灯台《とうだい》」とは皿《さら》に油《あぶら》を入《い》れてしんに火《ひ》を灯《とも》したり、ろうそくを立《た》てたりして使《つか》った昔《むかし》の室内用《しつないよう》の照明器具《しょうめいきぐ》のこと。すぐ下側《したがわ》は暗《くら》かった。海《うみ》の近《ちか》くに立《た》っている、船《ふね》に信号《しんごう》を送《おく》る灯台《とうだい》ではないから注意《ちゅうい》しよう。

⑥（オぬか）にくぎ

意味　手《て》ごたえやきき目《め》が何《なに》もないこと。「ぬか」は玄米《げんまい》を白米《はくまい》にした後《あと》に出《で》る皮《かわ》やはいがなど。粉《こな》のようなものなので、くぎも打《う》てない。

弘法《こうぼう》とは人《ひと》の名前《なまえ》だよ。弘法大師《こうぼうだいし》・空海《くうかい》といって、平安時代《へいあんじだい》のお坊《ぼう》さんなんだ。弘法大師《こうぼうだいし》は字《じ》がとてもうまくて、「日本《にほん》の美文字《びもじ》ベスト3」の一人《ひとり》と言《い》われていたとか。もちろん平安時代《へいあんじだい》にペンやえん筆《ぴつ》はなく、字《じ》は筆《ふで》で書《か》くものだったんだ。そんな筆《ふで》の達人《たつじん》、弘法大師《こうぼうだいし》でも書《か》きそんじることがあるという**「弘法《こうぼう》にも筆《ふで》のあやまり」**。だれかが失敗《しっぱい》したときに言《い》ってあげると、よいなぐさめになるかもしれないね。

学習《がくしゅう》した日《ひ》
月　日

ことわざ・慣用句

カラダのどこを使《つか》うかな？

● 下《した》のことばに続《つづ》く、カラダのどこかの名前《なまえ》を□に漢字《かんじ》一文字《ひともじ》で入《い》れよう。

①□
を丸《まる》くする
が利《き》く
をかける
を疑《うたが》う
がない

②□
がかたい
が軽《かる》い
がすべる
をはさむ
を出《だ》す

③□
が痛《いた》む
を打《う》つ
にきざむ
を借《か》りる
をなでおろす

④□
を合《あ》わせる
が立《た》つ
が広《ひろ》い
が売《う》れる
にどろをぬる

⑤□
を疑《うたが》う
が痛《いた》い
が早《はや》い
をかたむける
をかす

⑥□
を持《も》つ
をならべる
で息《いき》をする
をいからす
身《み》がせまい

⑦□
を焼《や》く
にあまる
をつける
を打《う》つ
を広《ひろ》げる

⑧□
が下《さ》がる
をかかえる
が痛《いた》い
を冷《ひ》やす
が固《かた》い

⑨□
が出《で》る
を運《はこ》ぶ
が地《ち》につかない
を引《ひ》っぱる
元《もと》にもおよばない

←答《こた》えは次《つぎ》のページ

▼▼▼【15ページの答え】

①目《め》

目を丸《まる》くする……おどろいて目《め》を大《おお》きく見開《みひら》く。

目が利《き》く……ものの価値《かち》を見極《みきわ》める力《ちから》がある。

目をかける……かわいがって世話《せわ》をする。

目を疑《うたが》う……見《み》たことが自分《じぶん》で信《しん》じられない。

目がない……価値《かち》がわからない。自分《じぶん》をおさえられないほど大好《だいす》きだ。

②口《くち》

口がかたい……言《い》ってはいけないことは話《はな》さない。

口が軽《かる》い……言《い》ってはいけないことも、すぐにしゃべってしまう。

口がすべる……言《い》ってはいけないことを、うっかりしゃべってしまう。

口をはさむ……ほかの人《ひと》の話《はなし》に割《わ》りこむ。

口を出《だ》す……関係《かんけい》ない話《はなし》に入《はい》ってくる。

③胸《むね》

胸が痛《いた》む……とても心配《しんぱい》する。

胸を打《う》つ……とても強《つよ》く感動《かんどう》する。

胸にきざむ……深《ふか》く心《こころ》におぼえておく。

胸を借《か》りる……自分《じぶん》より実力《じつりょく》がある人《ひと》に、相手《あいて》をしてもらう。

胸をなでおろす心配事《しんぱいごと》が解決《かいけつ》して安心《あんしん》する。

④顔《かお》

顔を合《あ》わせる……会《あ》う。

顔が立《た》つ……世間《せけん》に対《たい》して面目《めんぼく》がたもたれる。

顔が広《ひろ》い……知《し》り合《あ》いが多《おお》い。

顔が売《う》れる……有名《ゆうめい》になる。

顔にどろをぬる……はじをかかせる。

⑤耳《みみ》

耳を疑《うたが》う……思《おも》いがけないことを聞《き》いて、信《しん》じられない。

耳が痛《いた》い……相手《あいて》の言《い》うことを聞《き》くのがつらい。

耳が早《はや》い……情報《じょうほう》を聞《き》きつけるのが早《はや》い。

耳をかたむける……熱心《ねっしん》に聞《き》く。

耳をかす……ほかの人《ひと》の話《はなし》を聞《き》く。

⑥肩《かた》

肩を持《も》つ……ひいきをする。

肩をならべる……相手《あいて》と同《おな》じぐらいの力《ちから》がある。

肩で息《いき》をする……苦《くる》しそうに息《いき》をするようす。

肩をいからす……肩《かた》を上《あ》げて、相手《あいて》をおさえつけるような態度《たいど》をとる。

肩身《かたみ》がせまい……世間《せけん》に対《たい》してはずかしい。

⑦手《て》

手を焼《や》く……対応《たいおう》にこまる。

手にあまる……自分《じぶん》の能力《のうりょく》をこえている。

手をつける……何《なに》かを始《はじ》める。

手を打《う》つ……話《はなし》がまとまる。仲直《なかなお》りをする。

手を広《ひろ》げる……仕事《しごと》のはんいなどを大《おお》きくする。

⑧頭《あたま》

頭が下《さ》がる……そんけいする。

頭をかかえる……解決《かいけつ》できなくてこまっている。

頭が痛《いた》い……なやみ事《ごと》がある。

頭を冷《ひ》やす……高《たか》ぶった気持《きも》ちを落《お》ち着《つ》かせる。

頭が固《かた》い……考《かんが》えかたがかた苦《くる》しい。

⑨足《あし》

足が出《で》る……予算《よさん》をオーバーする。

足を運《はこ》ぶ……わざわざ出《で》かける。

足が地《ち》につかない……気持《きも》ちが落《お》ち着《つ》かない。

足を引《ひ》っぱる……ほかの人《ひと》のじゃまをする。

足元《あしもと》にもおよばない……とてもかなわない。相手《あいて》にならない。「足下《あしもと》」とも書《か》く。

ことわざ・慣用句

こんなときにピッタリなことばは？

次《つぎ》のマンガを一言《ひとこと》で表《あらわ》すとどうなる？ □には漢字《かんじ》、⬚にはひらがなを入《い》れて完成《かんせい》させよう。

↓

□転《ころ》び□起《お》き

↓

後《こう》悔《かい》□に□⬚⬚

↓

□降《ふ》って□固《かた》まる

←答《こた》えは次《つぎ》のページ

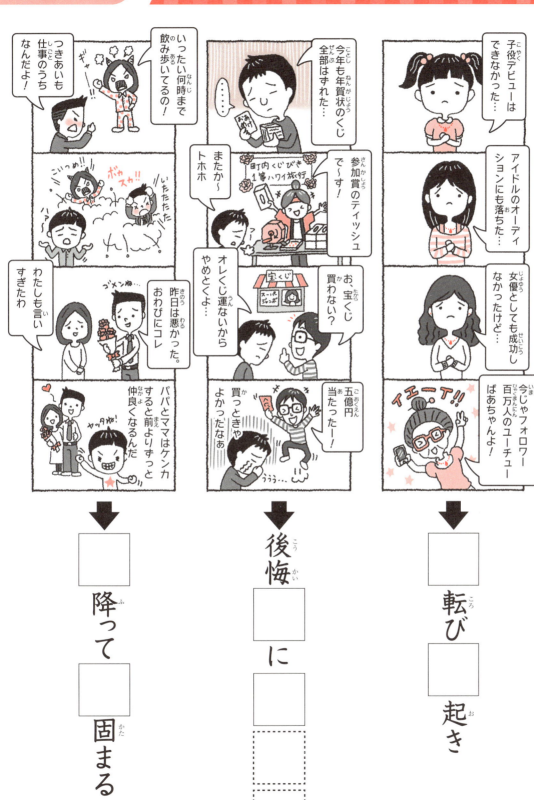

【17ページの答え】

七《なな》転《ころ》び八《や》起《お》き

意味

何度《なんど》失敗《しっぱい》しても、あきらめたりめげたりすることなく、何度《なんど》もやり直《なお》すこと。

後悔《こうかい》先《さき》に立《た》たず

意味

時間《じかん》が過《す》ぎてしまった後《あと》で「やらなければよかった」とか「やっておけばよかった」といくら悔《く》やんでも、取《と》り返《かえ》すことはできないということ。

雨《あめ》降《ふ》って地《じ》固《かた》まる

意味

争《あらそ》い事《ごと》や悪《わる》いことがあった後《あと》は、物事《ものごと》がかえってうまくいくということ。

「七転《ななころ》び」と言《い》っても、それは**「何回失敗《なんかいしっぱい》しても」**という意味《いみ》で、本当《ほんとう》に七回転《ななかいころ》ぶわけではないよ。使《つか》いかたに注意《ちゅうい》しよう。

学習《がくしゅう》した日《ひ》
月　日

ことわざ・慣用句

ことばのあみだパズル

●あみだくじで上《うえ》と下《した》をうまく結《むす》んで、ことばを完成《かんせい》させよう。①～④からよこ棒《ぼう》を2本取《ほんと》ると、うまくいくよ。

息《いき》を　世話《せわ》を　かぶとを　かたずを　くぎを

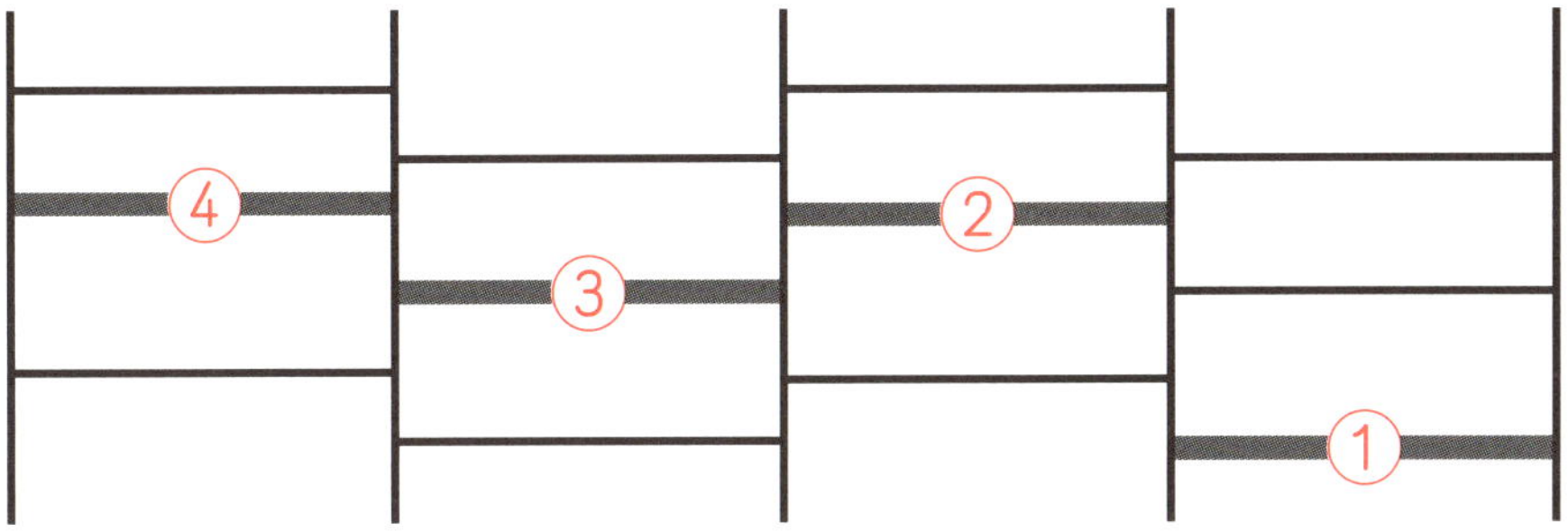

焼《や》く　殺《ころ》す　のむ　ぬぐ　さす

さじを　雲《くも》を　しびれを　たかを　油《あぶら》を

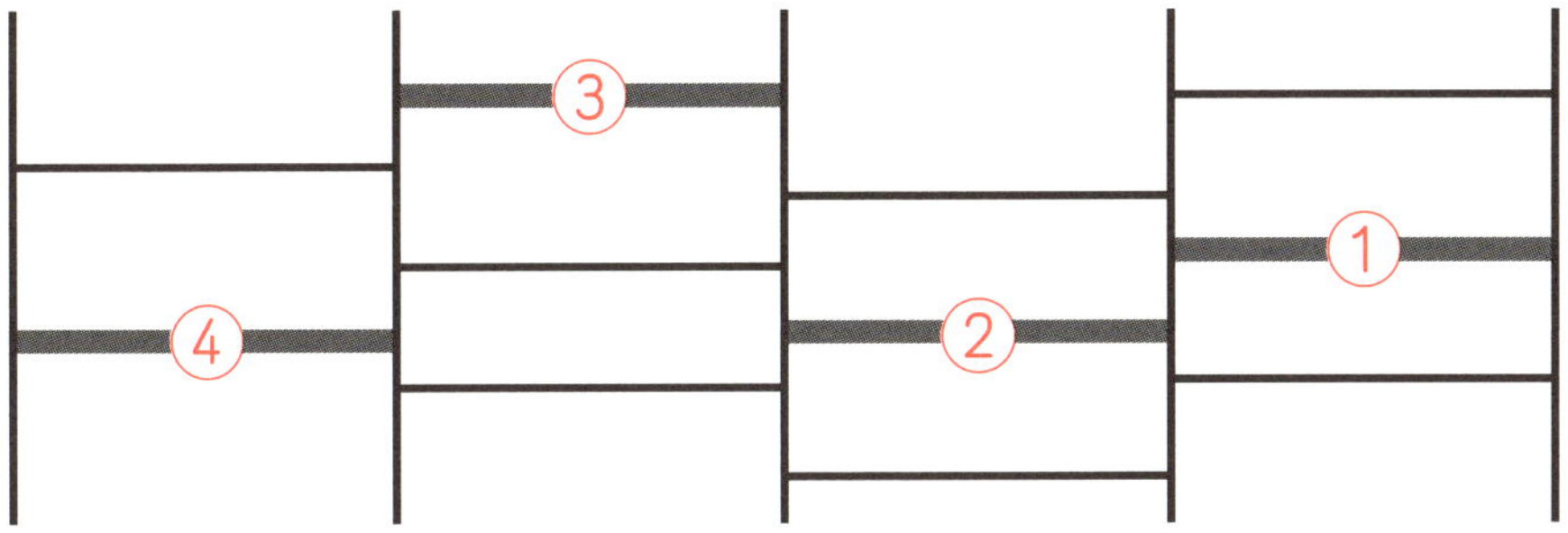

売《う》る　くくる　つかむよう　切《き》らす　投《な》げる

←答《こた》えは次《つぎ》のページ

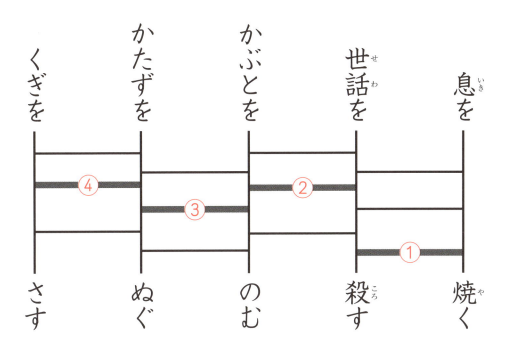

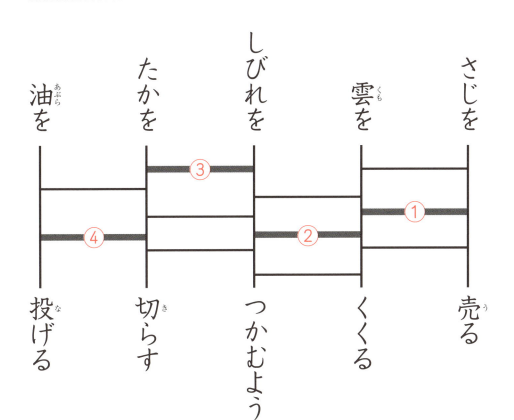

▼▼▼【19ページの答え】

［②と④を取《と》る］

- 息《いき》を ― 焼《や》く
- 世話《せわ》を ― 殺《ころ》す
- かぶとを（×②） ― のむ
- かたずを ― ぬぐ
- くぎを（×④） ― さす

［①と③を取《と》る］

- さじを ― 売《う》る
- 雲《くも》を（×①） ― くくる
- しびれを ― つかむよう
- たかを（×③） ― 切《き》らす
- 油《あぶら》を ― 投《な》げる

息《いき》を殺《ころ》す
意味　息《いき》をとめて、じっと静《しず》かにする。

世話《せわ》を焼《や》く
意味　ほかの人《ひと》のめんどうを見《み》る。

かぶとをぬぐ
意味　自分《じぶん》の負《ま》けをみとめて、こうさんする。

かたずをのむ
意味　この先《さき》がどうなるかと気《き》にして、じっと成《な》り行《ゆ》きを見守《みまも》る。

くぎをさす
意味　やってはいけないことなどを、前《まえ》もって強《つよ》く注意《ちゅうい》しておく。

さじを投《な》げる
意味　何《なに》かを続《つづ》けることをあきらめる。

雲《くも》をつかむよう
意味　はっきりとせず、ぼんやりとしているようす。

しびれを切《き》らす
意味　待《ま》ちくたびれて、がまんできない。

たかをくくる
意味　物事《ものごと》を軽《かる》く見《み》る。見《み》くびる。

油《あぶら》を売《う》る
意味　むだ話《ばなし》などをして、仕事《しごと》をさぼる。

「さじを投《な》げる」のさじはスプーンのこと。このことわざのさじは、お医者《いしゃ》さんが薬《くすり》を調合《ちょうごう》するときに使《つか》うもの。あれこれ試《ため》しても病《やまい》にきくようにうまく調合《ちょうごう》することができず「ギブアップ！」とさじをほうり出《だ》す、そんな場面《ばめん》から生《う》まれたことわざだよ。
このドリルはおもしろくて「さじを投《な》げる」どころか一日《いちにち》で終《お》わっちゃいそう！

学習《がくしゅう》した日《ひ》

月　　日

四字熟語

どれが正《ただ》しい意味《いみ》だろう？

● 四字熟語《よじじゅくご》の正《ただ》しい意味《いみ》に○をつけよう。

① 科学技術《かがくぎじゅつ》の進歩《しんぽ》は日々《ひび》の**試行錯誤**《しこうさくご》から生《う》み出《だ》される。

ア（　）文句《もんく》を言《い》わずにだまって行《おこな》うこと。

イ（　）本《ほん》をたくさん読《よ》むこと。

ウ（　）何度《なんど》も失敗《しっぱい》して解決《かいけつ》に近《ちか》づくこと。

② 将棋《しょうぎ》を深《ふか》く勉強《べんきょう》するために、古《ふる》い対局《たいきょく》の記録《きろく》も読《よ》んでみようと思《おも》うんだ。**温故知新**《おんこちしん》と言《い》うからね。

ア（　）最初《さいしょ》に決《き》めたことを最後《さいご》まで続《つづ》けること。

イ（　）古《ふる》いものを知《し》って、現在《げんざい》に生《い》かすこと。

ウ（　）とても助《たす》かりそうにない大変《たいへん》な場面《ばめん》。

③ 小学生《しょうがくせい》のときからそろばんを**一所懸命**《いっしょけんめい》やってきた。

ア（　）命《いのち》をかけて一《ひと》つの物事《ものごと》に向《む》かうこと。

イ（　）きっぱりと思《おも》い切《き》ること。

ウ（　）大好《だいす》きで、ほかのことに関心《かんしん》がないこと。

④ このままでは負《ま》けが決《き》まってしまう決勝戦《けっしょうせん》の後半《こうはん》で、同点《どうてん》、さらに逆転《ぎゃくてん》という**起死回生**《きしかいせい》のゴールが続《つづ》いた。

ア（　）やる気《き》がなさそうなことが幸《さいわ》いして、むしろうまくいくこと。

イ（　）死《し》にかけていたものを生《い》き返《かえ》らせること。

ウ（　）何《なに》かのきっかけで、心《こころ》の持《も》ちようがすっかり変《か》わること。

⑤ わたしたちはふたごなので、おたがいに**切磋琢磨**《せっさたくま》して育《そだ》ってきました。

ア（　）はげまし合《あ》いながら向上《こうじょう》に努《つと》めること。

イ（　）相手《あいて》をだまして、自分《じぶん》が有利《ゆうり》になるようにすること。

ウ（　）何《なに》も言《い》わなくても相手《あいて》の気持《きも》ちを察《さっ》すること。

⑥ 歴史《れきし》に残《のこ》るような**大胆不敵**《だいたんふてき》な事件《じけん》だ。

ア（　）度胸《どきょう》があって、物事《ものごと》に動《どう》じないこと。

イ（　）何《なに》かをやり始《はじ》めたら、やめたりしないこと。

ウ（　）面白《おもしろ》がってやること。

⑦ 全部《ぜんぶ》はとてもできないから、**取捨選択**《しゅしゃせんたく》してやろう。

ア（　）やらなくてもいいことをやること。

イ（　）一見《いっけん》ムダだが、あとから得《とく》をすることを選《えら》ぶ。

ウ（　）良《よ》いものを取《と》り、悪《わる》いものはすてて、きちんと選《えら》ぶこと。

⑧ 彼《かれ》は**用意周到**《よういしゅうとう》だから、発表《はっぴょう》で失敗《しっぱい》するわけがない。

ア（　）じゅんびをきちんとして、ぬかりがないこと。

イ（　）悪《わる》がしこくて、平気《へいき》でうそもつける。

ウ（　）自分《じぶん》の力《ちから》もわきまえずに大《おお》きなことを言《い》う。

←答《こた》えは次《つぎ》のページ

【21ページの答え】

①試行錯誤《しこうさくご》…ウ

意味
何度《なんど》も失敗《しっぱい》をくり返《かえ》しながら、成功《せいこう》する方法《ほうほう》を探《さが》していくこと。

②温故知新《おんこちしん》…イ

意味
古《ふる》いものを研究《けんきゅう》して、そこから新《あたら》しい考《かんが》えや知識《ちしき》を得《え》ること。

③一所懸命《いっしょけんめい》…ア

意味
一《ひと》つのことに全力《ぜんりょく》をつくしてがんばること。

④起死回生《きしかいせい》…イ

意味
死《し》にかけていた命《いのち》を生《い》き返《かえ》らせる。絶望的《ぜつぼうてき》だったものをきせき的《てき》に立《た》ち直《なお》らせること。

⑤切磋琢磨《せっさたくま》…ア

意味
仲間《なかま》どうしでおたがいに競《きそ》い、はげまし合《あ》って向上《こうじょう》すること。また、学問《がくもん》や人格《じんかく》をみがくこと。

⑥大胆不敵《だいたんふてき》…ア

意味
とても度胸《どきょう》がすわっていて、何《なに》もおそれないようす。

⑦取捨選択《しゅしゃせんたく》…ウ

意味
いらないものや悪《わる》いものをすてて、必要《ひつよう》なものや良《よ》いものを選《えら》んで残《のこ》すこと。

⑧用意周到《よういしゅうとう》…ア

意味
心配《こころくば》りやじゅんびがしっかりしていて、細《こま》かいところまで行《い》きとどいていること。

「**一所懸命**《いっしょけんめい》」は「**一生**《いっしょう》**懸命**《けんめい》」とも言《い》うね。「**一所**《いっしょ》」のほうは、昔《むかし》の人《ひと》が一《ひと》つの土地《とち》を「**命**《いのち》**をかけて**」守《まも》ってきたことが元《もと》になってできたことば。「**一生**《いっしょう》」のほうは、ずっと長《なが》くがんばる感《かん》じが伝《つた》わってくるね。どちらも一《ひと》つのことをがんばるという意《い》味《み》では同《おな》じだよ。

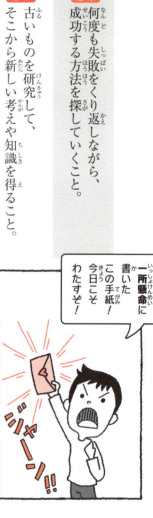

ことわざ・慣用句

ことば入《い》れかえアナグラム

●字《じ》を入《い》れかえて、元《もと》とはちがうことばや文《ぶん》を作《つく》る遊《あそ》びが「アナグラム」だよ。ヒントの絵《え》を見《み》ながら元《もと》のことばを考《かん》えて、□にひらがなを入《い》れよう。

※読点《とうてん》（、）や「!」「?」などは元《もと》のことばにありません。漢字《かんじ》やカタカナの使《つか》いかたも、元《もと》のことばとはちがいます。

例《れい》

ゴリは何《なん》だよ?
→【元《もと》のことば】はなより　だんご

① 二人《ふたり》にわ、ね!
→【元《もと》のことば】わ□□□　□□

② ぽっつんと好《す》き
→【元《もと》のことば】つ□□　□□□□

③ オレのうで、ニシン!?
→【元《もと》のことば】の□□□　□□□□

④ 五個《ごこ》の毛《け》の歌《うた》
→【元《もと》のことば】う□□　□□□□

⑤ オラ、着《き》る価値《かち》盛《も》るさ
→【元《もと》のことば】さ□□□□□　□□□

←答《こた》えは次《つぎ》のページ

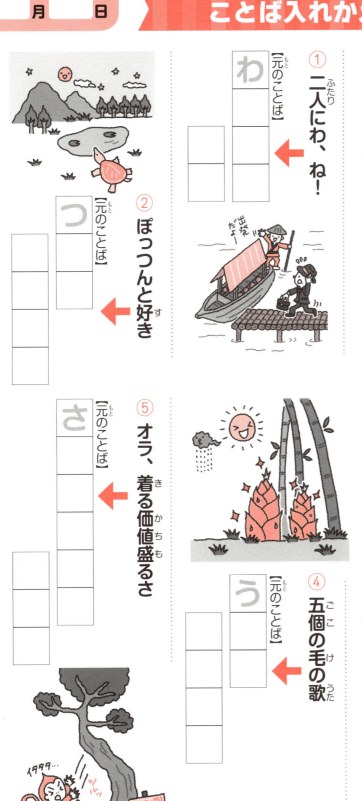

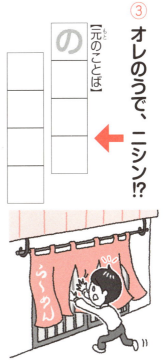

▼▼▼【23ページの答え】 ※答《こた》えはすべてひらがなで書《か》きます。

例《れい》 **花《はな》より団子《だんご》**

意味　花《はな》のように見《み》た目《め》が美《うつく》しいという外見《がいけん》よりも団子《だんご》のように食《た》べておなかがいっぱいになるという実質《じっしつ》を重《おも》く見《み》ること。

① **渡《わた》りに船《ふね》**

意味　ちょうどよいタイミングで何《なに》かが起《お》こること。

② **月《つき》とすっぽん**

意味　一見《いっけん》にているようでも、中身《なかみ》はまるでちがうこと。

③ **のれんに腕《うで》おし**

意味　何《なん》の反応《はんのう》もないこと。「ぬかにくぎ（14ページ）」も同《おな》じ意味《いみ》。

④ **雨後《うご》のたけのこ**

意味　何《なに》かのきっかけで、にたような物事《ものごと》が次々《つぎつぎ》と起《お》きること。

⑤ **猿《さる》も木《き》から落《お》ちる**

意味　上手《じょうず》な人《ひと》でも、失敗《しっぱい》することがある。「かっぱの川流《かわなが》れ（66ページ）」や「弘法《こうぼう》にも筆《ふで》のあやまり（14ページ）」も同《おな》じ意味《いみ》。

のれんに腕《うで》おし
ぬかにくぎ
とうふにかすがい
全部あんたたちのことよ!!
兄弟仲良《きょうだいなかよ》くしなさいって言《い》っても言《い》ってもきき目《め》なし!
イテテ
グルグル
ポカポカ

「とうふにかすがい」の**かすがい**もくぎの一種《いっしゅ》なんだ。木材《もくざい》どうしをつなぐもので、カタカナのコの字《じ》のような形《かたち》をしているよ。たしかに、やわらかいとうふに打《う》っても、役《やく》に立《た》たないだろうね。**「のれんに腕《うで》おし」「ぬかにくぎ」「とうふにかすがい」**、どれも意味《いみ》がにていて、しかも、あまり言《い》われたくないことばだね。

あっている写真《しゃしん》を選《えら》ぼう

●（　）に当《あ》てはまる生《い》き物《もの》を、下《した》の写真《しゃしん》から選《えら》ぼう。

① （　　）の行《ぎょう》水《ずい》

② （　　）返《がえ》し

③ （　　）の涙《なみだ》

④ （　　）のぼり

⑤ （　　）の子《こ》

⑥ （　　）ごっこ

⑦ （　　）に豆《まめ》鉄《でっ》砲《ぽう》

⑧ （　　）が合《あ》う

⑨ （　　）寝《ね》入《い》り

⑩ 袋《ふくろ》の（　　）

▲うなぎ

▲うま

▲いたち

▲からす

▲さる

▲すずめ

▲おうむ

▲とら

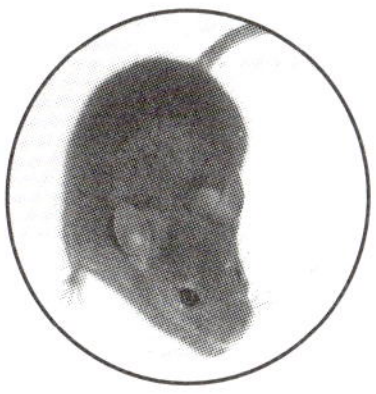
▲ねずみ

▲きりん

▲たぬき

▲はと

←答《こた》えは次《つぎ》のページ

【25ページの答え】

①（**からす**）**の行水《ぎょうずい》**

意味　からすが短《みじか》い時間《じかん》で水浴《みずあ》びをすることから、ふろに入《はい》る時間《じかん》がとても短《みじか》いことのたとえ。

②（**おうむ**）**返《がえ》し**

意味　言《い》ったことをそのままくり返《かえ》すこと。

③（**すずめ**）**の涙《なみだ》**

意味　とても少《すく》ないこと。

④（**うなぎ**）**のぼり**

意味　値《ね》だんや人気《にんき》などがどんどん上《あ》がること。

⑤（**とら**）**の子《こ》**

意味　とても大事《だいじ》にしているお金《かね》。

⑥（**いたち**）**ごっこ**

意味　両方《りょうほう》が同《おな》じことをくり返《かえ》していて、切《き》りがない。

⑦（**はと**）**に豆鉄砲《まめでっぽう》**

意味　とつぜんの出来事《できごと》におどろく。

⑧（**うま**）**が合《あ》う**

意味　気《き》が合《あ》う。

⑨（**たぬき**）**寝入《ねい》り**

意味　ねむったふりをする。

⑩**袋《ふくろ》の**（**ねずみ**）

意味　まわりを囲《かこ》まれてしまって、にげられないこと。

水浴《みずあ》びが短《みじか》いのは
からすだけじゃないぞ！
はとくん、すずめちゃん！
にわとりさんだって
「からすの行水《ぎょうずい》」でしょ～!!

「行水《ぎょうずい》」とは**たらい**という大《おお》きな木《き》のおけに湯《ゆ》や水《みず》を入《い》れて体《からだ》を洗《あら》うことだよ。多《おお》くの鳥《とり》が水浴《みずあ》びをして体《からだ》をきれいにしているのだけど、からすは大《おお》きくて黒《くろ》いので、動作《どうさ》が目立《めだ》つよね。昔《むかし》の人《ひと》はそんなからすが水浴《みずあ》びするようすを、入浴時間《にゅうよくじかん》が短《みじか》いことのたとえに使《つか》ったんだね。

学習《がくしゅう》した日《ひ》

月　　日

正《ただ》しい使《つか》いかたの文章《ぶんしょう》はどれ？

●次《つぎ》のことばを正《ただ》しく使《つか》っている文《ぶん》を選《えら》んで、○をつけよう。

① 転《ころ》ばぬ先《さき》のつえ

ア（　）彼《かれ》はなかなか絵《え》が売《う》れなくてまずしくても、転《ころ》ばぬ先《さき》のつえで画家《がか》を目《め》ざしている。

イ（　）約束《やくそく》を守《まも》らない友人《ゆうじん》に、転《ころ》ばぬ先《さき》のつえを渡《わた》した。

ウ（　）雨《あめ》が降《ふ》りそうなので、転《ころ》ばぬ先《さき》のつえとして折《お》りたたみの傘《かさ》を持《も》って出《で》た。

② かわいい子《こ》には旅《たび》をさせよ

ア（　）猫《ねこ》はかってみるとかわいいね。かわいい子《こ》には旅《たび》をさせよって言《い》う通《とお》りだ。

イ（　）一人《ひとり》きりでアメリカ留学《りゅうがく》するのは大変《たいへん》だろうけど、かわいい子《こ》には旅《たび》をさせよと言《い》うからがんばりなさい。

ウ（　）お母《かあ》さんが友《とも》だちと旅行《りょこう》に行《い》ったので、お父《とう》さんとお寿司《すし》を食《た》べに来《き》た。かわいい子《こ》には旅《たび》をさせよ、だね。

③ 百聞《ひゃくぶん》は一見《いっけん》にしかず

ア（　）新《あたら》しくできたショッピングセンター、本当《ほんとう》に広《ひろ》いね。百聞《ひゃくぶん》は一見《いっけん》にしかずで行《い》ってみるとよくわかるよ。

イ（　）この曲《きょく》、すごくいいよ。百聞《ひゃくぶん》は一見《いっけん》にしかずだから、まずは聞《き》いてみなよ。

ウ（　）朝寝坊《あさねぼう》しすぎて、母《はは》から百聞《ひゃくぶん》は一見《いっけん》にしかずでおこられた。

④ 情《なさ》けは人《ひと》のためならず

ア（　）夏休《なつやす》みの宿題《しゅくだい》は手伝《てつだ》っちゃダメだよ。情《なさ》けは人《ひと》のためならずで本人《ほんにん》のためにならないからね。

イ（　）情《なさ》けは人《ひと》のためならずって言《い》うから、こまっている人《ひと》を助《たす》ければ、自分《じぶん》にいいことがあるかもしれないよ。

ウ（　）幼稚園児《ようちえんじ》の弟《おとうと》は、いつも母《はは》にあまえている。まるで、情《なさ》けは人《ひと》のためならずって感《かん》じだ。

⑤ 長《なが》い物《もの》には巻《ま》かれろ

ア（　）校長先生《こうちょうせんせい》の話《はなし》はいつも長《なが》い物《もの》には巻《ま》かれろで、何《なに》を言《い》っているのかわからないよ。

イ（　）元《もと》ボクシングチャンピオンの彼《かれ》は長《なが》い物《もの》には巻《ま》かれろで、次《つぎ》の試合《しあい》でもう一度《いちど》チャンピオンになるつもりだ。

ウ（　）社長《しゃちょう》よりえらい会長《かいちょう》の言《い》うことだ。長《なが》い物《もの》には巻《ま》かれろで、したがっておいたほうがいいね。

←答《こた》えは次《つぎ》のページ

▼▼▼【27ページの答え】

①**転《ころ》ばぬ先《さき》のつえ…ウ**

意味　失敗《しっぱい》をしないように、前《まえ》もって用意《ようい》しておくこと。

②**かわいい子《こ》には旅《たび》をさせよ…イ**

意味　本当《ほんとう》に子《こ》どもがかわいいなら、世《よ》の中《なか》を体験《たいけん》させて、苦労《くろう》をさせなさいということ。

③**百聞《ひゃくぶん》は一見《いっけん》にしかず…ア**

意味　ほかの人《ひと》から何度《なんど》も聞《き》くより、自分《じぶん》の目《め》で一度《いちど》見《み》るほうがよくわかる。

④**情《なさ》けは人《ひと》のためならず…イ**

意味　人《ひと》に親切《しんせつ》にすれば、やがていいことが自分《じぶん》にかえってくるということ。

⑤**長《なが》い物《もの》には巻《ま》かれろ…ウ**

意味　力《ちから》がある人《ひと》や、いきおいのいい人《ひと》にはしたがっておいたほうがよい。

「転《ころ》ばぬ先《さき》のつえ」タイプ

← キミはどっちタイプ? →

「転《ころ》んでもただでは起《お》きない」タイプ

「転《ころ》んでもただでは起《お》きない」とは、たとえ失敗《しっぱい》をしても、何《なに》か利益《りえき》を手《て》にすることだよ。欲《よく》が深《ふか》いという悪《わる》い意味《いみ》にも、根性《こんじょう》があるという良《よ》い意味《いみ》にも使《つか》われることばなんだ。

学習《がくしゅう》した日《ひ》　月　日

ことわざ・慣用句

どちらだったかな？

●正《ただ》しいほうを選《えら》んで○をつけよう。

① 顔《かお》から［屁《へ》／火《ひ》］が出《で》る

② 口《くち》は［さいわい／わざわい］のもと

③ 手《て》に［あめ／あせ］をにぎる

④ 肩《かた》の［荷《に》／鬼《おに》］がおりる

⑤ 奥《おく》歯《ば》に［衣《きぬ》／もの］がはさまる

⑥ 頭《あたま》かくして［尻《しり》／口《くち》］かくさず

⑦ 目《め》を［皿《さら》／盆《ぼん》］のようにする

⑧ 耳《みみ》に［たこ／いか］ができる

⑨ あまい［水《みず》／汁《しる》］をすう

⑩ ［けり／投《な》げ］をつける

⑪ ［胸《むね》／顔《かお》］がいっぱいになる

⑫ 後《あと》の［祭《まつ》り／踊《おど》り］

←答《こた》えは次《つぎ》のページ

【29ページの答え】

①顔《かお》から 火《ひ》 が出《で》る
意味 はずかしさで顔《かお》が真《ま》っ赤《か》になること。

②口《くち》は わざわい のもと
意味 うっかり言《い》ったことばが不幸《ふこう》なことを招《まね》くこともある。

③手《て》に あせ をにぎる
意味 心配《しんぱい》しながら、成《な》り行《ゆ》きを見守《みまも》る。

④肩《かた》の 荷《に》 がおりる
意味 やるべきことや仕事《しごと》が終《お》わって、気《き》が楽《らく》になる。

⑤奥歯《おくば》に もの がはさまる
意味 言《い》いたいことをはっきりと言《い》わないようす。

⑥頭《あたま》かくして 尻《しり》 かくさず
意味 一部《いちぶ》だけかくして全部《ぜんぶ》かくしたつもりになっているようす。

⑦目《め》を 皿《さら》 のようにする
意味 目《め》を大《おお》きく開《ひら》いて、よく見《み》ようとするようす。

⑧耳《みみ》に たこ ができる
意味 同《おな》じことを何度《なんど》も聞《き》いてうんざりする。

⑨あまい 汁《しる》 をすう
意味 自分《じぶん》は苦労《くろう》しないで、利益《りえき》だけを得《え》ること。

⑩けり をつける
意味 物事《ものごと》を終《お》わらせる。決着《けっちゃく》をつける。

⑪胸《むね》 がいっぱいになる
意味 喜《よろこ》びや悲《かな》しみなどで心《こころ》がいっぱいになる。

⑫後《あと》の 祭《まつ》り
意味 手《て》おくれになること。取《と》り返《かえ》しがつかなくなること。

「けりをつける」の**けり**は、キックではないよ！

昔《むかし》の文章《ぶんしょう》では、「○○だった」「○○だなあ」という意味《いみ》の文末《ぶんまつ》を「○○なりけり」などと書《か》いたことから、決着《けっちゃく》をつけたり終《お》わりにすることを**「けりをつける」**と言《い》うようになったんだ。

ちなみに、**「耳《みみ》にたこができる」**の**たこ**は、8本足《ぽんあし》のたこではなくて、くり返《かえ》しものがあたったり、何度《なんど》もこすれたりして皮《ひ》ふが固《かた》くなった部分《ぶぶん》のこと。

指《ゆび》にえんぴつだこができるほど勉強《べんきょう》したいものですね〜！

ゲームだこができたよ♪
イエーイ!!

四字熟語

四字熟語《よじじゅくご》で計算《けいさん》してみよう

● 次《つぎ》の四字熟語《よじじゅくご》に使《つか》われている漢数字《かんすうじ》で計算《けいさん》をしよう。

ア□方《ぼう》美《び》人《じん》

イ□日《か》坊《ぼう》主《ず》

ウ□面《めん》楚《そ》歌《か》

エ□里《り》霧《む》中《ちゅう》

オ□攫《かく》カ□金《きん》

海《うみ》キ□山《やま》ク□

ケ□束《そく》コ□文《もん》

サ□差《さ》シ□別《べつ》

(1) どちらが大《おお》きいかな？　大《おお》きいほうに○をつけよう。

ア□　（　　）

イ□＋ウ□　（　　）

(2) どちらが大《おお》きいかな？　大《おお》きいほうに○をつけよう。

エ□＋キ□　（　　）

オ□×カ□　（　　）

(3) どちらが大《おお》きいかな？　大《おお》きいほうに○をつけよう。

ク□×コ□＋サ□　（　　）

ケ□×シ□　（　　）

←答《こた》えは次《つぎ》のページ

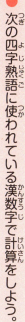

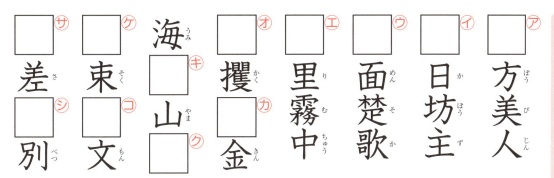

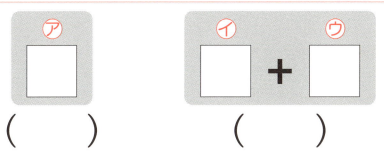

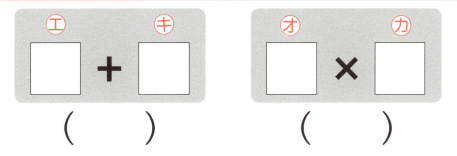

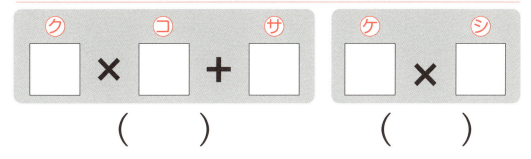

【31ページの答え】

（1）

ア八

（○）

8

イ三 ＋ ウ四

（　）

3＋4＝7

（2）

エ五 ＋ キ千

（○）

5 + 1000 = 1005

オ一 × カ千

（　）

1 × 1000 = 1000

（3）

ク千 × コ三 ＋ サ千

（　）

1000 × 3 + 1000 = 4000

ケ二 × シ万

（○）

2 × 10000 = 20000

㋐ **八《はっ》方《ぽう》美《び》人《じん》**

意味

みんなから好《す》かれようとして、だれにでもいい顔《かお》をする人《ひと》のこと。

㋑ **三《みっ》日《か》坊《ぼう》主《ず》**

意味

あきやすくて、長続《ながつづ》きしないこと。

㋒ **四《し》面《めん》楚《そ》歌《か》**

意味

まわりを敵《てき》に囲《かこ》まれて、味方《みかた》が一人《ひとり》もいないようす。

㋓ **五《ご》里《り》霧《む》中《ちゅう》**

意味

物事《ものごと》のようすがわからず、どうすればよいのかわからない。

㋔ **一《いっ》攫《かく》㋕千《せん》金《きん》**

意味

苦労《くろう》しないで、一度《いちど》に大金《たいきん》を手《て》に入《い》れること。

海《うみ》㋖千《せん》山《やま》㋗千《せん》

意味

経験《けいけん》がゆたかで、物事《ものごと》の裏表《うらおもて》を知《し》っていてずるがしこいこと。

㋘ **二《に》束《そく》㋙三《さん》文《もん》**

意味

値打《ねう》ちが低《ひく》いもののこと。数《かず》がたくさんあっても、安《やす》い値《ね》だんにしかならないもの。

㋚ **千《せん》差《さ》㋛万《ばん》別《べつ》**

意味

さまざまなちがいがあること。「千《せん》」と「万《まん》」は数《かず》が多《おお》いことを表《あらわ》す。

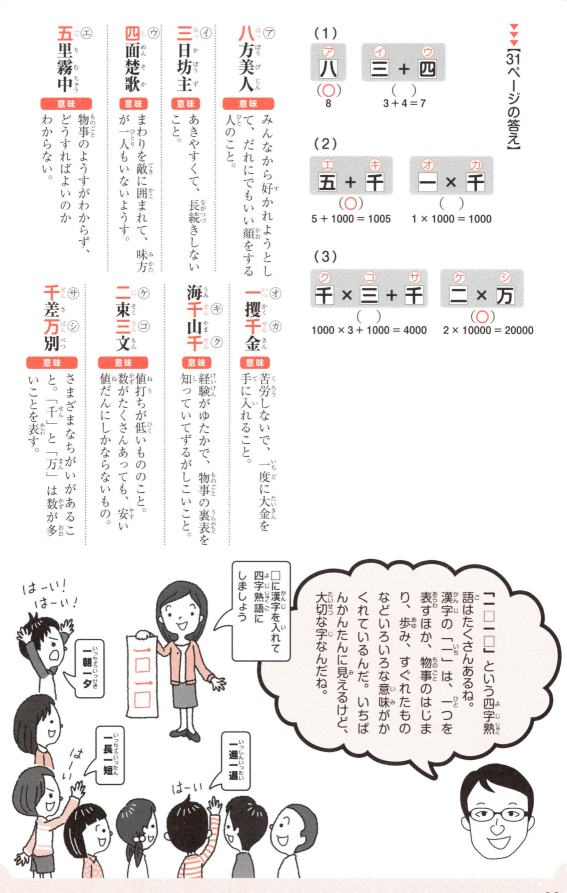

学習《がくしゅう》した日《ひ》
月　日

ことわざ・慣用句

反対《はんたい》の意味《いみ》になるのはどれ？

●上《うえ》のことばの反対《はんたい》の意味《いみ》になるのはどれかな？ 下《した》の㋐～㋙から選《えら》ぼう。

①さわらぬ神《かみ》にたたりなし
▲（反対《はんたい》の意味《いみ》は）▼［　　］

②善《ぜん》は急《いそ》げ
▲（反対《はんたい》の意味《いみ》は）▼［　　］

③下手《へた》の横好《よこず》き
▲（反対《はんたい》の意味《いみ》は）▼［　　］

④水《みず》を得《え》た魚《うお》のよう
▲（反対《はんたい》の意味《いみ》は）▼［　　］

⑤渡《わた》る世間《せけん》に鬼《おに》はない
▲（反対《はんたい》の意味《いみ》は）▼［　　］

㋐骨折《ほねお》り損《ぞん》のくたびれもうけ
㋑急《いそ》がば回《まわ》れ
㋒好《す》きこそ物《もの》の上手《じょうず》なれ
㋓火《ひ》のない所《ところ》にけむりは立《た》たぬ
㋔犬猿《けんえん》の仲《なか》
㋕人《ひと》を見《み》たらどろぼうと思《おも》え
㋖やぶをつついて蛇《へび》を出《だ》す
㋗悪事千里《あくじせんり》を走《はし》る
㋘おかに上《あ》がったかっぱ
㋙医者《いしゃ》の不養生《ふようじょう》

←答《こた》えは次《つぎ》のページ

【33ページの答え】

① **さわらぬ神《かみ》にたたりなし**
意味　かかわりを持《も》たなければ、わざわいを受《う》けることもない。

② **善《ぜん》は急《いそ》げ**
意味　良《よ》いと思《おも》ったことは、ためらうことなく、すぐにやるべきだ。

③ **下手《へた》の横好《よこず》き**
意味　下手《へた》なくせに、そのことが好《す》きでたまらないこと。

④ **水《みず》を得《え》た魚《うお》のよう**
意味　その人《ひと》に合《あ》った場所《ばしょ》で、いきいきと活躍《かつやく》するようす。

⑤ **渡《わた》る世間《せけん》に鬼《おに》はない**
意味　世《よ》の中《なか》には冷《つめ》たい人《ひと》ばかりではなく、こまったときに助《たす》けてくれる人《ひと》がいるものだ。

キ **やぶをつついて蛇《へび》を出《だ》す**
意味　よけいなことをして、かえってめんどうなことになる。短《みじか》くすると「やぶ蛇《へび》」。

イ **急《いそ》がば回《まわ》れ**
意味　遠回《とおまわ》りに見《み》えても、安全《あんぜん》な道《みち》を行《い》ったほうが、結局《けっきょく》は早《はや》く着《つ》く。「急《せ》いてはことをしそんじる（72ページ）」も同《おな》じ意味《いみ》。

ウ **好《す》きこそ物《もの》の上手《じょうず》なれ**
意味　好《す》きなことは熱心《ねっしん》にやるので、やがて上達《じょうたつ》するということ。

ケ **おかに上《あ》がったかっぱ**
意味　力《ちから》がある人《ひと》でも、自分《じぶん》に適《てき》さない場所《ばしょ》では、無力《むりょく》になったり、元気《げんき》をなくしてしまうこと。

カ **人《ひと》を見《み》たらどろぼうと思《おも》え**
意味　かんたんに人《ひと》を信用《しんよう》してはいけない。まずは疑《うたが》ってかかったほうがよい。

骨折《ほねお》り損《ぞん》のくたびれもうけ
意味　苦労《くろう》してやったことの成果《せいか》がなく、つかれただけだった。

火《ひ》のない所《ところ》にけむりは立《た》たぬ
意味　何《なに》かのうわさが立《た》つようなことには、必《かなら》ず原因《げんいん》がある。

犬猿《けんえん》の仲《なか》
意味　とても仲《なか》が悪《わる》いことのたとえ。

悪事千里《あくじせんり》を走《はし》る
意味　悪《わる》いことをすると、その話《はなし》はあっと言《い》う間《ま》に広《ひろ》がる。

医者《いしゃ》の不養生《ふようじょう》
意味　人《ひと》には注意《ちゅうい》やアドバイスをしても、自分《じぶん》では実行《じっこう》しないこと。「紺屋《こうや》の白《しろ》ばかま（72ページ）」もにた意味《いみ》。

学習《がくしゅう》した日《ひ》
月　日

ことわざ・慣用句

にている意味《いみ》なのはどれ？

●上《うえ》のことばとにている意味《いみ》になるのはどれかな？下《した》の㋐〜㋙から選《えら》ぼう。

①泣《な》きっ面《つら》に蜂《はち》＝（にている意味《いみ》は）＝［　　］

②果報《かほう》は寝《ね》て待《ま》て＝（にている意味《いみ》は）＝［　　］

③蛇《じゃ》の道《みち》は蛇《へび》＝（にている意味《いみ》は）＝［　　］

④一《いち》を聞《き》いて十《じゅう》を知《し》る＝（にている意味《いみ》は）＝［　　］

⑤良薬《りょうやく》は口《くち》に苦《にが》し＝（にている意味《いみ》は）＝［　　］

㋐忠言《ちゅうげん》耳《みみ》に逆《さか》らう
㋑鬼《おに》が出《で》るか蛇《じゃ》が出《で》るか
㋒言《い》わぬが花《はな》
㋓餅《もち》は餅屋《もちや》
㋔弱《よわ》り目《め》にたたり目《め》
㋕木《き》を見《み》て森《もり》を見《み》ず
㋖目《め》から鼻《はな》へぬける
㋗待《ま》てば海路《かいろ》の日和《ひより》あり
㋘業《ごう》を煮《に》やす
㋙三度目《さんどめ》の正直《しょうじき》

←答《こた》えは次《つぎ》のページ

【35ページの答え】

① 泣《な》きっ面《つら》に蜂《はち》

意味　悪《わる》いことの上《うえ》に、さらに悪《わる》いことが重《かさ》なること。「ふんだりけったり」もにた意味《いみ》。

＝

オ 弱《よわ》り目《め》にたたり目《め》

意味　こまっているときに、不運《ふうん》が重《かさ》なること。

② 果報《かほう》は寝《ね》て待《ま》て

意味　いい知《し》らせは、あわてないで待《ま》つことだ。

＝

ク 待《ま》てば海路《かいろ》の日和《ひより》あり

意味　あせらずに待《ま》っていれば、いつかは良《よ》い日《ひ》がやってくる。

③ 蛇《じゃ》の道《みち》は蛇《へび》

意味　物事《ものごと》にはそれぞれ専門家《せんもんか》がいるので、その人《ひと》にまかせるのがよい。

＝

エ 餅《もち》は餅屋《もちや》

意味　餅《もち》はなれない人《ひと》がつくよりも、専門家《せんもんか》がついたほうがうまいことから、物事《ものごと》には専門家《せんもんか》がいるということ。

④ 一《いち》を聞《き》いて十《じゅう》を知《し》る

意味　とてもかしこいので、わずかなことを聞《き》いただけで、全体《ぜんたい》を理解《りかい》できるということ。

＝

キ 目《め》から鼻《はな》へぬける

意味　ものわかりがとてもよい。すばしこくて、ぬけ目《め》がない。

⑤ 良薬《りょうやく》は口《くち》に苦《にが》し

意味　自分《じぶん》のためになる忠告《ちゅうこく》は、素直《すなお》に聞《き》くのがむずかしい。

＝

ア 忠言耳《ちゅうげんみみ》に逆《さか》らう

意味　心《こころ》をこめて忠告《ちゅうこく》されても、なかなか素直《すなお》には受《う》け止《と》められない。

鬼《おに》が出《で》るか蛇《じゃ》が出《で》るか

意味　これからどんなおそろしいことが起《お》こるかわからない。未来《みらい》にどんなことが待《ま》ちかまえているのかは、だれにもわからない。

言《い》わぬが花《はな》

意味　口《くち》に出《だ》して言《い》ってしまわないほうがよい。

木《き》を見《み》て森《もり》を見《み》ず

意味　細《こま》かい部分《ぶぶん》を気《き》にして、全体《ぜんたい》を見《み》ていないようす。

業《ごう》を煮《に》やす

意味　物事《ものごと》がうまくいかず、いらいらして腹《はら》を立《た》てているようす。

三度目《さんどめ》の正直《しょうじき》

意味　何《なに》かをするときに、一回《いっかい》や二回《にかい》は失敗《しっぱい》しても、三回目《さんかいめ》には成功《せいこう》する。

学習《がくしゅう》した日《ひ》　月　日

ことわざ・慣用句

どの写真《しゃしん》を使《つか》えばいいかな？

●正《ただ》しいことばになる写真《しゃしん》を選《えら》んで、記号《きごう》を書《か》こう。

① つるは千年《せんねん》（　　）は万年《まんねん》

ア ペンギン

イ かめ

ウ 象《ぞう》

② 猫《ねこ》に（　　）

ア 金《きん》

イ 真珠《しんじゅ》

ウ 小判《こばん》
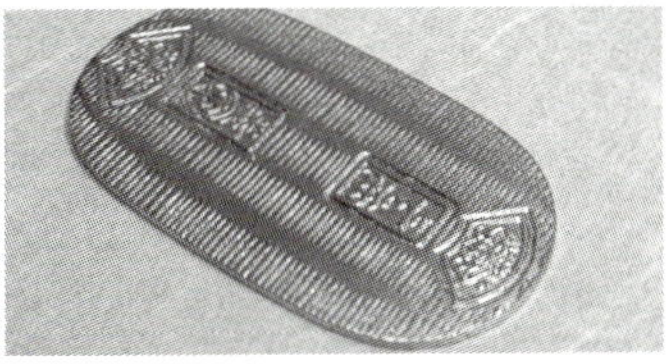

③ （　　）の下《した》にいつもどじょうはいない

ア 柳《やなぎ》
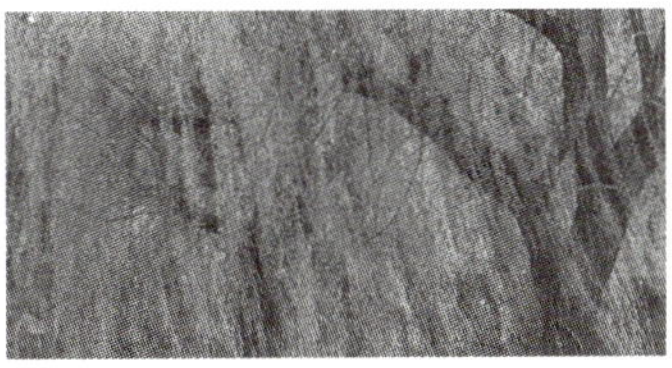

イ 桜《さくら》

ウ 松《まつ》

④ 犬《いぬ》も歩《ある》けば（　　）に当《あ》たる

ア かんばん

イ 棒《ぼう》

ウ 犬《いぬ》

←答《こた》えは次《つぎ》のページ

【37ページの答え】

①つるは千年《せんねん》（㋑かめ）は万年《まんねん》

意味
長生《ながい》きでめでたいこと。

②猫《ねこ》に（㋒小判《こばん》）

意味
ものの価値《かち》がわからず、あげても意味《いみ》がないこと。「豚《ぶた》に真珠《しんじゅ》（78ページ）」も同《おな》じ意味《いみ》。

③（㋐柳《やなぎ》）の下《した》にいつもどじょうはいない

意味
一度《いちど》うまくいったからといっても、同《おな》じやりかたでまたうまくいくとは限《かぎ》らない。

④犬《いぬ》も歩《ある》けば（㋑棒《ぼう》）に当《あ》たる

意味
何《なに》かをしようとして、思《おも》いがけないさいなんに出合《であ》う。また、思《おも》いがけない幸運《こううん》に出合《であ》うことも言《い》う。

新《あたら》しいことわざを作《つく》ってみよう

モグ
モグ

つるっとせんで、かめばええねん

意味
食《た》べ物《もの》はすぐにツルッとのみこまないで、よくかんで食《た》べなさいよ、ということ。

猫《ねこ》にそうじき

意味
役《やく》に立《た》たないどころか、近《ちか》づけるだけで、こわがってダッシュで逃《に》げること。

柳《やなぎ》の下《した》に今《いま》はゆうれいはいない

意味
昔《むかし》は、柳《やなぎ》といえばゆうれいがおに合《あ》いだったけれど、もはや時代《じだい》おくれ。

ポーズ!!

犬《いぬ》も歩《ある》けばインスタに映《は》える

意味
特《とく》にすごいことをしているわけでもないのに、「いいね！」とほめられること。

自分《じぶん》で新《あたら》しいことわざを作《つく》ってみると、ことわざや慣用句《かんようく》の良《よ》さがわかるよ。短《みじか》いことばで、教訓《きょうくん》などを伝《つた》えるのがことわざのおもしろさ。キミもオリジナルのことわざを作《つく》ってみよう！

学習《がくしゅう》した日《ひ》
□月□日

ことわざ・慣用句

カラダに関係《かんけい》することばを考《かんが》えよう

●下《した》のことばに続《つづ》く、カラダやココロに関係《かんけい》するものの名前《なまえ》を□に漢字《かんじ》一文字《ひともじ》で入《い》れよう。

① □
- にかける
- が高《たか》い
- で笑《わら》う
- をあかす
- につく

② □
- を長《なが》くする
- が回《まわ》らない
- をつっこむ
- をかしげる
- をすくめる

③ □
- を決《き》める
- を割《わ》る
- を探《さぐ》る
- にすえかねる
- の虫《むし》がおさまらない

④ □
- を打《う》つ
- がはずむ
- が通《かよ》う
- にきざむ
- を鬼《おに》にする

⑤ □
- が利《き》く
- が置《お》けない
- が強《つよ》い
- が引《ひ》ける
- に病《や》む

⑥ □
- がすわる
- を冷《ひ》やす
- に銘《めい》じる
- をつぶす
- が小《ちい》さい

⑦ □
- にしみる
- を入《い》れる
- につく
- の毛《け》がよだつ
- を粉《こ》にする

⑧ □
- が低《ひく》い
- が軽《かる》い
- をすえる
- を上《あ》げる
- をぬかす

⑨ □
- に覚《おぼ》えがある
- が鳴《な》る
- が上《あ》がる
- をみがく
- によりをかける

←答《こた》えは次《つぎ》のページ

▼▼▼【39ページの答え】

① 鼻《はな》

- **鼻にかける**……じまんする。
- **鼻が高《たか》い**……ほこりに思《おも》う。
- **鼻で笑《わら》う**……相手《あいて》を見下《みくだ》して笑《わら》う。
- **鼻をあかす**……相手《あいて》を出《だ》しぬいてあっと言《い》わせる。
- **鼻につく**……あきてうんざりする。

② 首《くび》

- **首を長《なが》くする**……今《いま》か今《いま》かと待《ま》ちこがれる。
- **首が回《まわ》らない**……借金《しゃっきん》などが多《おお》くて、どうにもならない。
- **首をつっこむ**……自分《じぶん》から進《すす》んで物事《ものごと》にかかわる。
- **首をかしげる**……どうもおかしいと思《おも》い、首《くび》を横《よこ》にかたむけて考《かんが》える。
- **首をすくめる**……不安《ふあん》やおどろきから首《くび》をちぢめる。

③ 腹《はら》

- **腹を決《き》める**……決心《けっしん》する。
- **腹を割《わ》る**……思《おも》っていることをかくさずに伝《つた》える。
- **腹を探《さぐ》る**……相手《あいて》の本当《ほんとう》の気持《きも》ちを探《さぐ》る。
- **腹にすえかねる**……とてもがまんできない。
- **腹の虫《むし》がおさまらない**……腹《はら》が立《た》って、どうにもがまんできない。

④ 心《こころ》

- **心を打《う》つ**……感動《かんどう》させる。
- **心がはずむ**……うれしくてうきうきする。
- **心が通《かよ》う**……おたがいに心《こころ》が通《つう》じ合《あ》う。
- **心にきざむ**……わすれないようにしっかりとおぼえる。
- **心を鬼《おに》にする**……かわいそうだと思《おも》いながらも、相手《あいて》のためを思《おも》ってきびしくする。

⑤ 気《き》

- **気が利《き》く**……細《こま》かく心配《こころくば》りができる。
- **気が置《お》けない**……気《き》をつかう必要《ひつよう》がない。えんりょしなくていい。
- **気が強《つよ》い**……負《ま》けずぎらいだ。
- **気が引《ひ》ける**……引《ひ》け目《め》を感《かん》じる。気《き》おくれする。
- **気に病《や》む**……心配《しんぱい》する。なやむ。

⑥ 肝《きも》

- **肝がすわる**……かんたんにはおどろいたりしない。
- **肝を冷《ひ》やす**……ぞっとする。冷《ひ》やりとする。
- **肝に銘《めい》じる**……心《こころ》に深《ふか》くおぼえて、わすれないようにする。
- **肝をつぶす**……とてもびっくりする。
- **肝が小《ちい》さい**……おくびょうで度胸《どきょう》がない。

⑦ 身《み》

- **身にしみる**……心《こころ》や体《からだ》に強《つよ》く感《かん》じる。
- **身を入《い》れる**……熱心《ねっしん》にやる。
- **身につく**……自分《じぶん》のものになる。できるようになる。
- **身の毛《け》がよだつ**……こわさで全身《ぜんしん》の毛《け》がさか立《だ》つような気《き》がする。
- **身を粉《こ》にする**……苦労《くろう》することをいやがらずに、くたくたになるまで働《はたら》く。

⑧ 腰《こし》

- **腰が低《ひく》い**……人《ひと》に対《たい》していばらない。
- **腰が軽《かる》い**……気軽《きがる》に行動《こうどう》する。
- **腰をすえる**……じっくりと物事《ものごと》に取《と》り組《く》む。
- **腰を上《あ》げる**……新《あら》たな行動《こうどう》を起《お》こす。立《た》ち上《あ》がる。
- **腰をぬかす**……びっくりして立《た》ち上《あ》がれなくなる。

⑨ 腕《うで》

- **腕に覚《おぼ》えがある**……得意《とくい》なことなので自信《じしん》がある。
- **腕が鳴《な》る**……自分《じぶん》の力《ちから》を見《み》せたくてうずうずする。
- **腕が上《あ》がる**……上手《じょうず》になる。
- **腕をみがく**……熱心《ねっしん》に練習《れんしゅう》して上達《じょうたつ》する。
- **腕によりをかける**……自分《じぶん》の力《ちから》を見《み》せようと、はり切《き》る。

学習《がくしゅう》した日《ひ》

月　　日

ことわざ・慣用句

正《ただ》しいことばを完成《かんせい》させよう

●（　）に当《あ》てはまることばを、下《した》の□から選《えら》んで書《か》こう。

①おこづかいの値上《ねあ》げをしてもらうために、ずっとお母《かあ》さんの肩《かた》たたきをしているんだけど、どうも**二階《にかい》から**（　　）のようなんだ。

②遠足《えんそく》に行《い》ったときに出《で》たごみは、きちんと持《も》ち帰《かえ》りましょう。**後《あと》は野《の》となれ**（　　）**となれ**ではいけませんよ。

③甲子園《こうしえん》に出《で》たこともある彼《かれ》がチームに入《はい》ったから、町内会《ちょうないかい》の野球《やきゅう》チームは（　　）**に金棒《かなぼう》**だ。

④今回《こんかい》のテストは予想《よそう》が当《あ》たって満点《まんてん》が取《と》れそうだったのに、漢字《かんじ》をずいぶん書《か》きまちがえて減点《げんてん》されちゃった。**逃《に》がした**（　　）**は大《おお》きい**よ。

⑤お母《かあ》さんはカレーを作《つく》るときにカレーのルーとまちがえてチョコを少《すこ》し入《い》れちゃったんだ。大失敗《だいしっぱい》かと思《おも》ったら、意外《いがい》においしかったよ。（　　）**の功名《こうみょう》**だね。

⑥飛行機《ひこうき》のエンジンからおかしな音《おと》がするぞ。**ありの**（　　）**から堤《つつみ》もくずれる**と言《い》うから、きちんと点検《てんけん》しよう。

⑦歌《うた》とダンスのレッスンをこれから受《う》けてアイドルになるなんて考《かんが》えは、まるで**絵《え》にかいた**（　　）だよ。

⑧この市《し》の観光大使《かんこうたいし》になったお笑《わら》いタレントの登場《とうじょう》だ。イベントの説明《せつめい》も**立《た》て板《いた》に**（　　）でさすがだね。

水《みず》	山《やま》	魚《さかな》	鬼《おに》	けが	もち	穴《あな》	目薬《めぐすり》

←答《こた》えは次《つぎ》のページ

【41ページの答え】

① **二階《にかい》から（目薬《めぐすり》）**

意味　思《おも》うようにならないこと。回《まわ》りくどくて、きき目《め》がないこと。

② **後《あと》は野《の》となれ（山《やま》）となれ**

意味　今《いま》さえよければ、後《あと》はどうなってもかまわない。

③ **（鬼《おに》）に金棒《かなぼう》**

意味　強《つよ》いものがもっと強《つよ》くなること。

④ **逃《に》がした（魚《さかな》）は大《おお》きい**

意味　手《て》に入《い》れそこなったものは、実際《じっさい》よりも大《おお》きく思《おも》える。

⑤ **（けが）の功名《こうみょう》**

意味　失敗《しっぱい》したと思《おも》っていたことや、何気《なにげ》なくやったことが思《おも》いがけなく良《よ》い結果《けっか》となること。

⑥ **ありの（穴《あな》）から堤《つつみ》もくずれる**

意味　わずかな油断《ゆだん》や不注意《ふちゅうい》でも、大《おお》きな失敗《しっぱい》につながることがある。

⑦ **絵《え》にかいた（もち）**

意味　実際《じっさい》には役《やく》に立《た》たないこと。実現《じつげん》する可能性《かのうせい》が低《ひく》いこと。

⑧ **立《た》て板《いた》に（水《みず》）**

意味　つっかえることなく、すらすらと話《はな》すようす。

「**二階《にかい》から目薬《めぐすり》**」にたことばには「**隔靴掻痒《かっかそうよう》**」という四字熟語《よじじゅくご》もあるんだ。これは、靴《くつ》の上《うえ》から足《あし》の痒《かゆ》いところを掻《か》くということ。これもきき目《め》がなさそうだね。どちらも、ようすが目《め》に見《み》えるようなことばだね。

四字熟語

四字熟語《よじじゅくご》を探《さが》しだそう

竜《りゅう》	頭《とう》	尾《び》	一《いち》	部《ぶ》	終《しゅう》
破《は》	蛇《だ》	臨《りん》	始《し》	終《じゅう》	始《し》
顔《がん》	応《おう》	機《き》	二《に》	唯《ゆい》	一《いっ》
一《いっ》	変《へん》	感《かん》	無《む》	一《いつ》	貫《かん》
笑《しょう》	朝《ちょう》	慨《がい》	無《む》	天《てん》	想《そう》
令《れい》	暮《ぼ》	改《かい》	量《りょう》	外《がい》	奇《き》

● 左《ひだり》のブロックを、四字熟語《よじじゅくご》のまとまりごとに切《き》り分《わ》けよう。見《み》つけた四字熟語《よじじゅくご》を下《した》の□に書《か》きだそう。

←答《こた》えは次《つぎ》のページ

▼▼▼【43ページの答え】

竜	頭	尾	一	部	終
破	蛇	臨	始	終	始
顔	応	機	二	唯	一
一	変	感	無	一	貫
笑	朝	慨	無	天	想
令	暮	改	量	外	奇

終始一貫《しゅうしいっかん》
意味 はじめから終《お》わりまで、態度《たいど》や意見《いけん》が変《か》わらないこと。

一部始終《いちぶしじゅう》
意味 はじめから、終《お》わりまで。

竜頭蛇尾《りゅうとうだび》
意味 はじめはいきおいがあるが、後《あと》になるとだんだんいきおいがなくなるようす。

臨機応変《りんきおうへん》
意味 その場《ば》のようすや状況《じょうきょう》にうまく合《あ》った行動《こうどう》をとること。

破顔一笑《はがんいっしょう》
意味 顔《かお》をほころばせて、にっこり笑《わら》うこと。

唯一無二《ゆいいつむに》
意味 それ一《ひと》つだけしかなく、二《ふた》つとはないこと。

感慨無量《かんがいむりょう》
意味 言《い》い表《あらわ》せないほど、心《こころ》に深《ふか》く感《かん》じるしみじみとした気持《きも》ち。「感無量《かんむりょう》」とも言《い》う。

奇想天外《きそうてんがい》
意味 ふつうでは思《おも》いつかないような、考《かん》えや発想《はっそう》。

朝令暮改《ちょうれいぼかい》
意味 命令《めいれい》などを決《き》めても、すぐに変《か》えてしまうこと。

ことわざ・慣用句

クロスワードパズルにチャレンジ

●下《した》のカギを読《よ》み、当《あ》てはまることばをひらがなで書《か》きこんで、パズルを完成《かんせい》させよう。

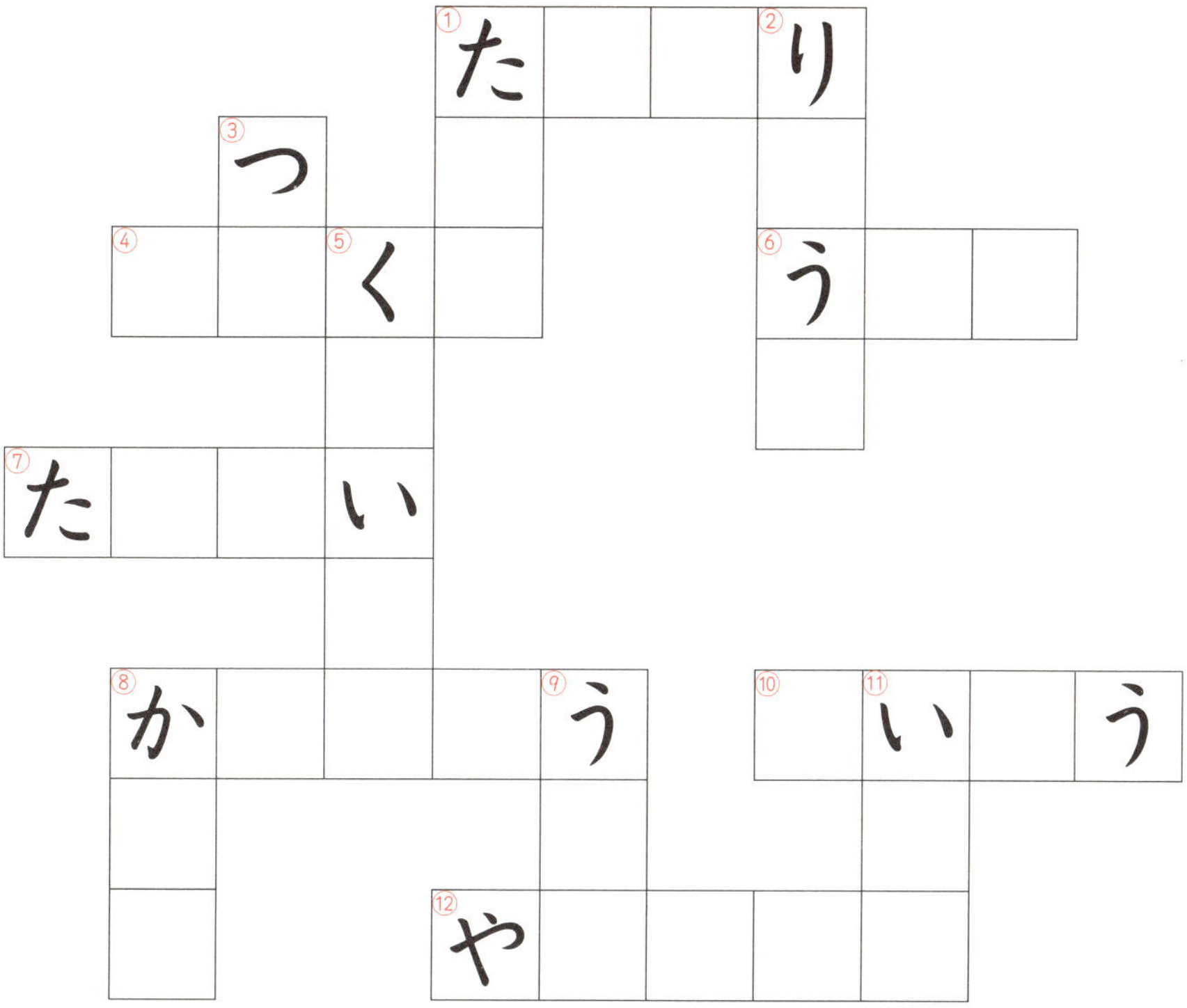

【たてのカギ】

① ただなのに、安《やす》くない？**「ただより○○○ものはない」**。

② 遠足《えんそく》のバスの席《せき》、あこがれのAさんが右《みぎ》にいて、かわいさナンバーワンのBさんが左《ひだり》にいる。これって**「○○○○に花《はな》」**だよね。

③ 社長《しゃちょう》の一言《ひとこと》ですべては決《き》まる**「○○の一声《ひとこえ》」**。

⑤ よくないことをこっそりかくすのは**「○○○○○にふた」**。

⑧ 町内会《ちょうないかい》の盆《ぼん》おどりに、なるべく参加《さんか》しようね。**「○○○も山《やま》のにぎわい」**と言《い》うからね。

⑨ うちの子《こ》は言《い》うことを全然《ぜんぜん》聞《き》かないの。まるで**「○○○耳《みみ》に念仏《ねんぶつ》」**よ。

⑪ あの名女優《めいじょゆう》は、いつも古《ふる》いお守《まも》りを身《み》につけているんだ。**「○○○の頭《あたま》も信心《しんじん》から」**でボロボロでも安心《あんしん》できるんだって。

【よこのカギ】

① **「○○○あとをにごさず」**だから、遠足《えんそく》でお弁当《べんとう》を食《た》べた後《あと》はきれいにして帰《かえ》ろう。

④ **「○○○○は打《う》たれる」**と言《い》うから、あまり出《で》しゃばらないほうがいいよ。

⑥ 昔《むかし》、ろうかだったところを改造《かいぞう》した父《ちち》の部屋《へや》はまるで**「○○○の寝床《ねどこ》」**のように細長《ほそなが》い。

⑦ **「三《み》つ子《ご》の○○○○百《ひゃく》まで」**と言《い》って、小《ちい》さいころの性格《せいかく》は年老《としお》いても変《か》わらないものさ。

⑧ おばあちゃんは何《なん》でもよく知《し》っている。**「○○○○○より年《とし》の功《こう》」**だ。

⑩ **「○○○○となるも牛後《ぎゅうご》となるなかれ」**。わたしは自分《じぶん》で会社《かいしゃ》をおこしてみせる。

⑫ 人生《じんせい》なんて**「光陰《こういん》○○○○○」**であっと言《い》う間《ま》さ、というのが七十歳《ななじっさい》のおじいちゃんの口《くち》ぐせだ。

←答《こた》えは次《つぎ》のページ

【45ページの答え】

				①た	つ	と	②り			
		③つ		か			ょ			
	④で	る	⑤く	い			⑥う	な	ぎ	
			さ				て			
⑦た	ま	し	い							
			も							
	⑧か	め	の	こ	⑨う		⑩け	⑪い	こ	う
	れ				ま			わ		
	き			⑫や	の	ご	と	し		

よこ

①立《た》つ鳥《とり》あとをにごさず

意味　立《た》ち去《さ》るときには後始末《あとしまつ》をきちんとする。

④出《で》る杭《くい》は打《う》たれる

意味　才能《さいのう》や実力《じつりょく》があって目立《めだ》つ人《ひと》は、人《ひと》からにくまれたり、じゃまをされたりする。

⑥うなぎの寝床《ねどこ》

意味　はばがせまくて、細長《ほそなが》い家《いえ》や部屋《へや》のこと。

⑦三《み》つ子《ご》の魂《たましいひゃく》百まで

意味　幼《おさな》いころの性格《せいかく》は、年《とし》をとっても変《か》わらない。（「三《み》つ子《ご》」は「三才《さんさい》の子《こ》」のこと）

⑧かめの甲《こう》より年《とし》の功《こう》

意味　長《なが》い年月《ねんげつ》の経験《けいけん》は価値《かち》があるということ。

⑩鶏口《けいこう》となるも牛後《ぎゅうご》となるなかれ

意味　大《おお》きな組織《そしき》の歯車《はぐるま》になるよりも、小《ちい》さなグループのリーダーになろう。

⑫光陰《こういん》矢《や》のごとし

意味　月日《つきひ》のたつのは、矢《や》が飛《と》ぶように早《はや》いということ。

たて

①ただより高《たか》いものはない

意味　ただでものをもらうと安《やす》く思《おも》えるが、後《あと》で相手《あいて》のたのみを聞《き》かなければいけなくなったりして、結局高《けっきょくたか》くつく。

②両手《りょうて》に花《はな》

意味　二《ふた》つのすばらしいものをひとりじめすること。

③つるの一声《ひとこえ》

意味　多《おお》くの意見《いけん》をまとめる力《ちから》を持《も》った人《ひと》のことば。

⑤くさいものにふた

意味　悪《わる》いことなどを、その場《ば》だけ何《なん》とかごまかすこと。

⑧枯《か》れ木《き》も山《やま》のにぎわい

意味　つまらないものでも、ないよりはあるほうがましだ。

⑨馬《うま》の耳《みみ》に念仏《ねんぶつ》

意味　いくら言《い》ってもきき目《め》がないこと。

⑪いわしの頭《あたま》も信心《しんじん》から

意味　信《しん》じれば何《なん》でもありがたいものに見《み》える。

光陰《こういん》矢《や》のごとし…!?

ことわざ・慣用句

なぞなぞ、わかるかな？

●三《みっ》つの中《なか》から答《こた》えを選《えら》んで○をつけよう。正《ただ》しいことばも言《い》ってみよう。

①むずかしいことをやろうとして、苦労《くろう》すると折《お》れちゃう、体《からだ》の中《なか》にあるものはなあに？

肝《きも》　鼻《はな》　骨《ほね》

②すご～くほしいものがあるとき、のどから出《で》てくるものはなあに？

つま先《さき》　手《て》　目《め》の玉《たま》

③言《い》いまちがいをしたときなどに、とられてしまうものはなあに？

足《あし》　のど　指《ゆび》

④相手《あいて》をそっけなくあしらうときに、鼻《はな》をくくるのに使《つか》うものはなあに？

なわ　木《き》　竹《たけ》

⑤だまされやすい人《ひと》が乗《の》せられてしまう車《くるま》はなあに？

口車《くちぐるま》　火《ひ》の車《くるま》　横車《よこぐるま》

⑥ごまかしていたことがバレてしまったときに出《で》るものはなあに？

なみだ　屁《へ》　尻尾《しっぽ》

⑦あわてたりせず、いつも落《お》ち着《つ》いている人《ひと》はどこが「すわって」いるのかな？

まゆ　腹《はら》　肩《かた》

⑧軽《かる》はずみに、ほかの人《ひと》の言《い》うことに同調《どうちょう》する人《ひと》が乗《の》るものはなあに？

生《い》き馬《うま》　どろ船《ぶね》　尻馬《しりうま》

⑨寝《ね》ているとき、ここに水《みず》が入《はい》ってきたらビックリ！　ここってどこだ？

耳《みみ》　口《くち》　鼻《はな》

⑩いつまでも気《き》になるようなものがあるとき、引《ひ》かれてしまう体《からだ》の部分《ぶぶん》はどこだ？

へそ　後《うし》ろ髪《がみ》　うなじ

⑪「さあ、ここで勝負《しょうぶ》だ」というときに選《えら》ぶ数字《すうじ》はいくつといくつかな？

一《いち》と八《はち》　千《せん》と万《まん》　七《しち》と三《さん》

⑫大人《おとな》になっても、働《はたら》かないでいる人《ひと》がかじるのは、親《おや》のどこだ？

つむじ　親指《おやゆび》　すね

←答《こた》えは次《つぎ》のページ

【47ページの答え】

①骨《ほね》…骨《ほね》が折《お》れる
意味　めんどうで努力《どりょく》しないといけない。苦労《くろう》する。

②手《て》…のどから手《て》が出《で》る
意味　とてもほしい。

③足《あし》…揚《あ》げ足《あし》を取《と》る
意味　相手《あいて》の言《い》いまちがいなどをからかったり、こまらせたりする。

④木《き》…木《き》で鼻《はな》をくくる
意味　相手《あいて》を冷《つめ》たくあしらう。

⑤口車《くちぐるま》…口車《くちぐるま》に乗《の》せられる
意味　人《ひと》をさそうようなうまいことばに、だまされてしまうこと。

⑥尻尾《しっぽ》…尻尾《しっぽ》を出《だ》す
意味　かくしていたことが、わかってしまうこと。

⑦腹《はら》…腹《はら》がすわる
意味　落《お》ち着《つ》いている。度胸《どきょう》がある。「肝《きも》がすわる（40ページ）」とも言《い》う。

⑧尻馬《しりうま》…尻馬《しりうま》に乗《の》る
意味　考《かんが》えもなくほかの人《ひと》の言《い》うことに同調《どうちょう》する。軽《かる》はずみな行動《こうどう》をとる。

⑨耳《みみ》…寝《ね》耳《みみ》に水《みず》
意味　予想《よそう》していなかったことにおどろく。

⑩後《うし》ろ髪《がみ》…後《うし》ろ髪《がみ》を引《ひ》かれる
意味　いつまでもあきらめきれないこと。

⑪一《いち》と八《はち》…一《いち》か八《ばち》か
意味　運《うん》を天《てん》にまかせて、やってみること。

⑫すね…親《おや》のすねをかじる
意味　自分《じぶん》の力《ちから》で生活《せいかつ》できないので、親《おや》から金銭的《きんせんてき》に助《たす》けてもらうこと。

こらこら、何《なに》してるの？

ちょっ!!

「親《おや》のすねをかじる」って言《い》うでしょ？おいしいからかじるんじゃないかと思《おも》って…

カプッ
すねは、立《た》ち働《はたら》くために体《からだ》をささえる大事《だいじ》な部分《ぶぶん》。つまり、けんめいに働《はたら》くことをすねということばで表《あらわ》しているんだ。

くれぐれも味見《あじみ》はしないようにね！

ことわざ・慣用句

どんなものか知《し》っているかな？

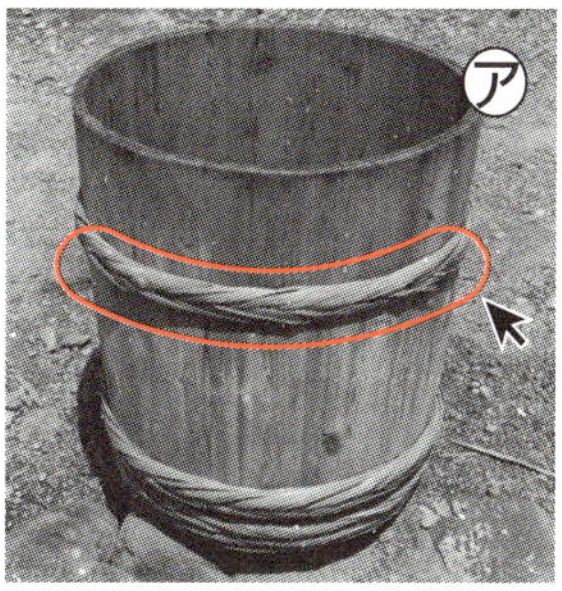

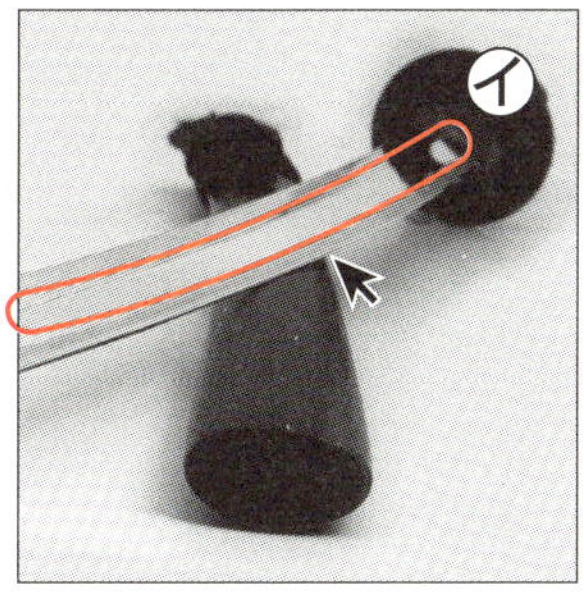

→日本刀《にほんとう》の一部分《いちぶぶん》

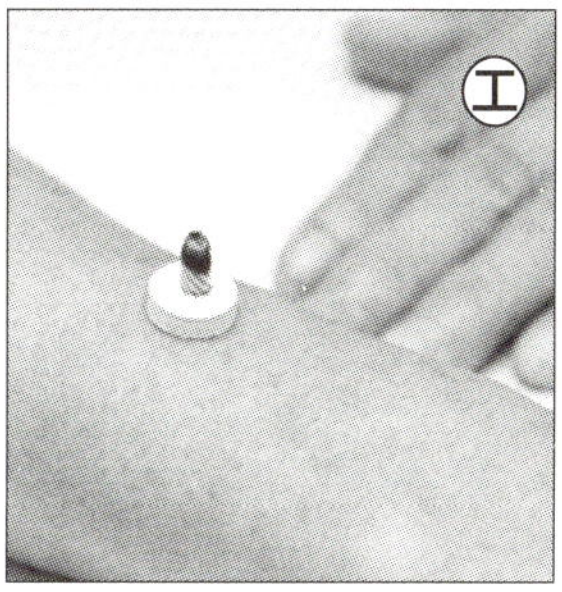

●（　）に当《あ》てはまるものを、上《うえ》の写真《しゃしん》から選《えら》んで記号《きごう》を書《か》こう。わくで囲《かこ》まれているものは、その部分《ぶぶん》だよ。

① （　）を上《あ》げる

② 思《おも》う（　）

③ （　）をかける

④ （　）がゆるむ

⑤ （　）をすえる

⑥ （　）をけずる

←答《こた》えは次《つぎ》のページ

【49ページの答え】

①（ウ みこし）を上《あ》げる

意味　腰《こし》を上《あ》げる。立《た》ち上《あ》がる。何《なに》かをやり始《はじ》める。

②思《おも》う（オ つぼ）

意味　考《かんが》えていた通《とお》りになる。

③（カ かま）をかける

意味　相手《あいて》から本当《ほんとう》のことを聞《き》き出《だ》すために、それとなく話《はな》しかけること。

④（ア たが）がゆるむ

意味　気持《きも》ちがゆるんで、しまりがなくなったり、まとまりがなくなったりすること。「たが」は、たるやおけなどの外側《そとがわ》にはめてしめる輪《わ》。

⑤（エ 灸《きゅう》）をすえる

意味　強《つよ》くしかったり、ばっしたりして、教《おし》えさとす。

⑥（イ しのぎ）をけずる

意味　はげしく戦《たたか》うこと。

テレビの時代劇《じだいげき》などでさむらいが戦《たたか》っているときに、刀《かたな》と刀《かたな》をぶつけて火花《ひばな》を散《ち》らすようなシーンを見《み》たことはないかな？

おたがいに顔《かお》と体《からだ》を近《ちか》づけて、刀《かたな》でぐいっとおし合《あ》うようなシーンもあるよね。

こうしたはげしい戦《たたか》いでは、刀《かたな》のいちばん太《ふと》くなっているしのぎがけずれてしまいそうだということで、**「しのぎをけずる」**と言《い》うんだ。

キミは友《とも》だちと、**「しのぎをけずる」**ぐらい勉強《べんきょう》で競争《きょうそう》できるといいね。

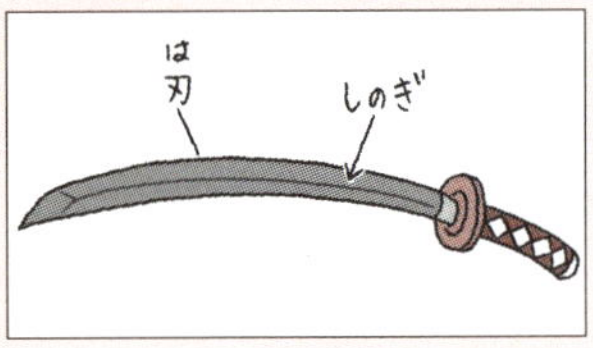
は刃
しのぎ

どちらかといえば、宿題《しゅくだい》をわすれて**「灸《きゅう》をすえられる」**ことが多《おお》くて…
う〜ん…

ことわざ・慣用句

おかしなところを探《さが》そう

●次《つぎ》の文章《ぶんしょう》はどこかにまちがいがあるよ。正《ただ》しいことばに書《か》き直《なお》そう。

①息子《むすこ》は将棋《しょうぎ》が強《つよ》くて、父親《ちちおや》の私《わたし》でもとても顔《かお》が立《た》たない。

②二代目《にだいめ》社長《しゃちょう》は有名《ゆうめい》なワンマンで、自分《じぶん》より年上《としうえ》の社員《しゃいん》でも指《ゆび》で使《つか》う。

③みんなで決《き》めたんだから、勝手《かって》な理由《りゆう》で横《よこ》やりをおしちゃダメだよ。

④だれも質問《しつもん》をしないから、わたしが唇《くちびる》を切《き》ることにした。

⑤あのテレビプロデューサーの作《つく》る番組《ばんぐみ》は、立《た》て続《つづ》けに棒《ぼう》に当《あ》たるね。

⑥あの子《こ》、先生《せんせい》の前《まえ》だとまるで狐《きつね》をかぶったみたいにおとなしいのよね。

⑦あいさつをするために卒業生代表《そつぎょうせいだいひょう》が万《まん》を持《じ》して舞台《ぶたい》に上《あ》がった。

⑧ピアノの地道《じみち》な練習《れんしゅう》が身《み》を結《むす》んでコンテストで優勝《ゆうしょう》した。

←答《こた》えは次《つぎ》のページ

【51ページの答え】

① ×顔《かお》 ○歯《は》…歯《は》が立《た》たない
意味 相手《あいて》が強《つよ》くて、とてもかなわない。

② ×指《ゆび》 ○あご…あごで使《つか》う
意味 いばった態度《たいど》で人《ひと》を使《つか》う。

③ ×横《よこ》やり ○横車《よこぐるま》…横車《よこぐるま》をおす
意味 道理《どうり》に合《あ》わないようなことを無理《むり》におし通《とお》す。

④ ×唇《くちびる》 ○口火《くちび》…口火《くちび》を切《き》る
意味 何《なに》かを最初《さいしょ》に始《はじ》める。きっかけを作《つく》る。

⑤ ×棒《ぼう》 ○図《ず》…図《ず》に当《あ》たる
意味 物事《ものごと》が思《おも》った通《とお》りになる。

⑥ ×狐《きつね》 ○猫《ねこ》…猫《ねこ》をかぶる
意味 本当《ほんとう》のすがたをかくして、おとなしく見《み》せかける。

⑦ ×万《まん》 ○満《まん》…満《まん》を持《じ》す
意味 しっかりじゅんびをして、物事《ものごと》を行《おこな》うのにちょうどよいときが来《く》るのを待《ま》つ。

⑧ ×身《み》 ○実《み》…実《み》を結《むす》ぶ
意味 努力《どりょく》したので、良《よ》い結果《けっか》を得《え》られる。

「横車《よこぐるま》をおす」とは、道理《どうり》に合《あ》わないことをすること

「横《よこ》やりを入《い》れる」とは、人《ひと》の話《はなし》に横《よこ》から口《くち》をはさむこと

「横車《よこぐるま》をおす」は、車《くるま》を前《まえ》に進《すす》めるのではなく、横《よこ》から無《む》理《り》やりにおしてしまおうとすること。
「横《よこ》やりを入《い》れる」というよくにたことばがあるよ。でも、これは二人《ふたり》以上《いじょう》の人《ひと》が話《はな》したり、戦《たたか》ったりしているところに、横《よこ》からやりをつきさすように自分《じぶん》の意見《いけん》をさしはさむことなんだ。
上《うえ》のマンガのようなイメージをつかんでおくといいね。

四字熟語

同《おな》じ漢字《かんじ》を入《い》れてみよう

● 同《おな》じ漢字《かんじ》を使《つか》う四字熟語《よじじゅくご》を集《あつ》めたよ。当《あ》てはまる漢字《かんじ》を下《した》の□から選《えら》んで書《か》こう。

① □人《にん》□色《いろ》

② □業《ごう》□得《とく》

③ □信《しん》□疑《ぎ》

④ □眠《みん》□休《きゅう》

⑤ 有《う》□無《む》□

⑥ 前《ぜん》途《と》□□

⑦ □□堂《どう》堂《どう》

⑧ □材《ざい》□所《しょ》

⑨ □期《ご》□会《え》

⑩ 四《し》□八《はっ》□

様	洋	象	像	単	不	反	半
万	千	百	十	一	色	生	正
九	二	苦	事	自	滴	敵	適

←答《こた》えは次《つぎ》のページ

▼▼▼【53ページの答え】

①　十人十色《じゅうにんといろ》
意味　好《す》きなものや、考《かんが》えかた、性格《せいかく》などは人《ひと》によってみんなちがうということ。

②　自業自得《じごうじとく》
意味　自分《じぶん》で行《おこな》ったことが原因《げんいん》で自分《じぶん》に悪《わる》いことがかえってくること。

③　半信半疑《はんしんはんぎ》
意味　気持《きも》ちの半分《はんぶん》は信《しん》じているけれど、半分《はんぶん》は疑《うたが》っていること。

④　不眠不休《ふみんふきゅう》
意味　ねむることも、休《やす》むこともせずに、何《なに》かに一所懸命《いっしょけんめい》取《と》り組《く》むこと。

⑤　有象無象《うぞうむぞう》
意味　むらがり集《あつ》まった、取《と》るにたらない人《ひと》やもの。ウヤムヤも漢字《かんじ》では「有耶無耶《うやむや》」と書《か》く。

⑥　前途洋洋《ぜんとようよう》
意味　将来《しょうらい》が明《あか》るく、希望《きぼう》に満《み》ちていること。

⑦　正正堂堂《せいせいどうどう》
意味　態度《たいど》や行動《こうどう》が正《ただ》しく、立派《りっぱ》なこと。

⑧　適材適所《てきざいてきしょ》
意味　その人《ひと》の性質《せいしつ》や能力《のうりょく》にふさわしい仕事《しごと》や役目《やくめ》をあたえること。

⑨　一期一会《いちごいちえ》
意味　一生《いっしょう》に一度《いちど》の出会《であ》いだと思《おも》って、誠意《せいい》をつくしなさいということ。

⑩　四苦八苦《しくはっく》
意味　うまくいかなくて、とても苦労《くろう》すること。

はじめまして、わたしいちごいちえと申《もう》します♥
ペコッ
ピース
ピース
半信半疑《はんしんはんぎ》でしょうが、ぼくたち、相性《あいしょう》バツグンなんですよ～！

半身半魚《はんしんはんぎょ》クン▶

◀いちごいちえサン

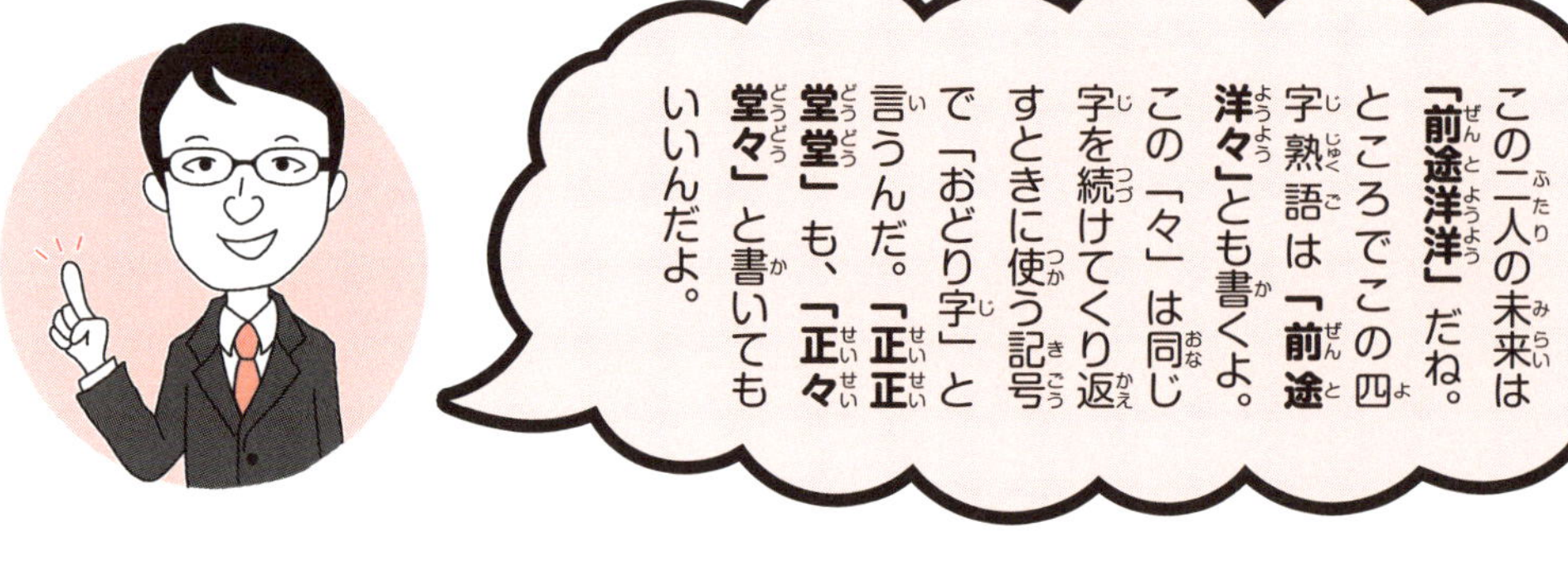
この二人《ふたり》の未来《みらい》は「前途洋洋《ぜんとようよう》」だね。ところでこの四《よ》字熟語《じじゅくご》は「前途《ぜんと》洋々《ようよう》」とも書《か》くよ。この「々」は同《おな》じ字《じ》を続《つづ》けてくり返《かえ》すときに使《つか》う記号《きごう》で「おどり字《じ》」と言《い》うんだ。「正正《せいせい》堂堂《どうどう》」も、「正々《せいせい》堂々《どうどう》」と書《か》いてもいいんだよ。

学習《がくしゅう》した日《ひ》
月　日

ことわざ・慣用句

ブロック分割《ぶんかつ》パズル

●文字《もじ》をうまくつなぐと、ことわざになるよ。たてかよこに続《つづ》けていこう。ななめやマスを飛《と》んではいけないよ。見《み》つけたら、下《した》に書《か》きだそう。

一《いっ》	寸《すん》	の	虫《むし》	に	背《せ》	に	腹《はら》
魂《たましい》	の	分《ぶ》	五《ご》	も	え	変《か》	は
寝《ね》	ま	な	板《いた》	の	ら	れ	ぬ
る	心《こころ》	の	親《おや》	鯉《こい》	一《いっ》	と	ら
子《こ》	子《こ》	知《し》	ら	ず	寸《すん》	た	ぬ
は	き	じ	も	鳴《な》	先《さき》	ぬ	き
育《そだ》	う	ば	ず	か	は	皮《かわ》	の
つ	た	れ	ま	い	闇《やみ》	算《ざん》	用《よう》

（　　）（　　）

（　　）（　　）

（　　）（　　）

（　　）（　　）

←答《こた》えは次《つぎ》のページ

【55ページの答え】

一	寸	の	虫	に	背	に	腹
魂	の	分	五	も	え	変	は
寝	ま	な	板	の	ら	れ	ぬ
る	心	の	親	鯉	一	と	ら
子	子	知	ら	ず	寸	た	ぬ
は	き	じ	も	鳴	先	ぬ	き
育	う	ば	ず	か	は	皮	の
つ	た	れ	ま	い	闇	算	用

背《せ》に腹《はら》は変《か》えられぬ

意味 大切《たいせつ》なことのためには、ほかのことなどかまっていられない。

とらぬたぬきの皮算用《かわざんよう》

意味 まだ自分《じぶん》のものになっていないのに、それをあてにして計画《けいかく》を立《た》てること。

一寸先《いっすんさき》は闇《やみ》

意味 ちょっと先《さき》のことでも、どうなるかわからない。予測《よそく》できないこと。

一寸《いっすん》の虫《むし》にも五分《ごぶ》の魂《たましい》

意味 どんなに小《ちい》さく弱《よわ》いものでも、それなりの意地《いじ》があるから、ばかにしてはいけない。

まな板《いた》の鯉《こい》

意味 相手《あいて》の思《おも》う通《とお》りにしかならないようす。「まな板《いた》の上《うえ》の鯉《こい》」とも言《い》う。

親《おや》の心《こころ》子《こ》知《し》らず

意味 子《こ》を思《おも》う親《おや》の心《こころ》をわからずに、子《こ》どもは勝手《かって》なことをするものだ。

きじも鳴《な》かずばうたれまい

意味 よけいなことを言《い》ったせいで、わざわいを招《まね》いてしまう。

寝《ね》る子《こ》は育《そだ》つ

意味 よくねむる子《こ》はじょうぶに育《そだ》つ。

寝《ね》る子《こ》は育《そだ》つ…!?

「**寝《ね》る子《こ》は育《そだ》つ**」ということばは、科学的《かがくてき》にも正《ただ》しいことがわかっているんだよ。そのうえ、十分《じゅうぶん》なすいみん時間《じかん》が学力《がくりょく》に関係《かんけい》しているというデータも、数多《かずおお》くあるんだ。昔《むかし》の人《ひと》は、それを知《し》っていたんだね。

学習《がくしゅう》した日《ひ》　月　日

ことわざ・慣用句

どちらだったかな？

●正《ただ》しいほうを選《えら》んで○をつけよう。

① 血《ち》も［汗《あせ》／涙《なみだ》］もない

② ［さば／ぶり］を読《よ》む

③ 同《おな》じ穴《あな》の［虎《とら》／むじな］

④ 柳《やなぎ》に［松《まつ》／風《かぜ》］

⑤ 取《と》りつく［暇《ひま》／島《しま》］もない

⑥ 鬼《おに》の［首《くび》／角《つの》］をとったよう

⑦ 舌《した》の［根《ね》／先《さき》］のかわかぬうちに

⑧ ［大亀《おおがめ》／大船《おおぶね》］に乗《の》ったよう

⑨ 目《め》から［まぶた／うろこ］が落《お》ちる

⑩ 足元《あしもと》に［火《ひ》／虫《むし》］がつく

⑪ 目《め》を［三角《さんかく》／四角《しかく》］にする

⑫ ［へそ／虫《むし》］のいどころが悪《わる》い

←答《こた》えは次《つぎ》のページ

【57ページの答え】

①血《ち》も涙《なみだ》もない
意味 やさしさや思《おも》いやりが少《すこ》しもない。

②さばを読《よ》む
意味 自分《じぶん》にとって都合《つごう》のいいように、数《かず》をごまかす。

③同《おな》じ穴《あな》のむじな
意味 ちょっと見《み》ると別《べつ》のようだが、実《じつ》は同《おな》じ仲間《なかま》だ、というたとえ。悪《わる》い仲間《なかま》のときに使《つか》う。

④柳《やなぎ》に風《かぜ》
意味 相手《あいて》にさからわずに、うまく応対《おうたい》をする。

⑤取《と》りつく島《しま》もない
意味 相手《あいて》の態度《たいど》が冷《つめ》たくて、話《はなし》をするきっかけもつかめない。

⑥鬼《おに》の首《くび》をとったよう
意味 大《おお》きなてがらを立《た》てたかのように、得意《とくい》になって喜《よろこ》ぶようす。

⑦舌《した》の根《ね》のかわかぬうちに
意味 何《なに》かを言《い》い終《お》わったすぐ後《あと》に。

⑧大船《おおぶね》に乗《の》ったよう
意味 信頼《しんらい》できるものにたよって、すっかり安心《あんしん》しているようす。

⑨目《め》からうろこが落《お》ちる
意味 あることがきっかけになって、今《いま》までわからなかったことが、わかるようになる。

⑩足元《あしもと》に火《ひ》がつく
意味 きけんがせまっている。「足下《あしもと》」とも書《か》く。

⑪目《め》を三角《さんかく》にする
意味 おこってこわい目《め》つきになる。

⑫虫《むし》のいどころが悪《わる》い
意味 ふだんよりもきげんが悪《わる》くて、おこりっぽい。

お母《かあ》さんは今日《きょう》からダイエットします！ご飯《はん》を減《へ》らすからおうえんしてね
がんばれ～
あ、でも今日《きょう》は好《す》きなおかずだからおかわりしちゃお♪
もう～舌《した》の根《ね》のかわかないうちに～

「舌《した》の根《ね》のかわかぬうちに」の舌《した》の根《ね》とは舌《した》のつけ根《ね》のこと。「舌《した》の根《ね》が（も）かわかぬうち」とも言《い》うよ。

四字熟語

四字熟語《よじじゅくご》でクロスワード

●□に当《あ》てはまる漢字《かんじ》を入《い》れて、四字熟語《よじじゅくご》を完成《かんせい》させよう。

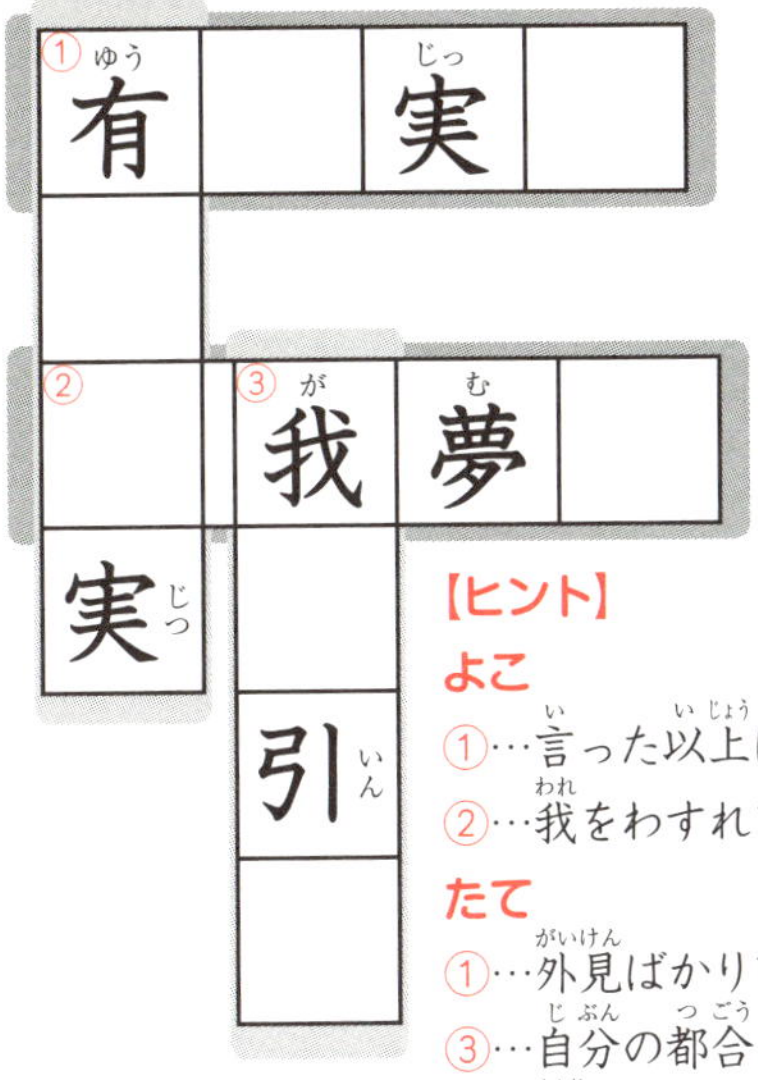

【ヒント】

よこ

①…言《い》った以上《いじょう》は、必《かなら》ずやるさ。

②…我《われ》をわすれて集中《しゅうちゅう》！

たて

①…外見《がいけん》ばかりで中身《なかみ》がない。

③…自分《じぶん》の都合《つごう》をいちばんに考《かんが》えること。

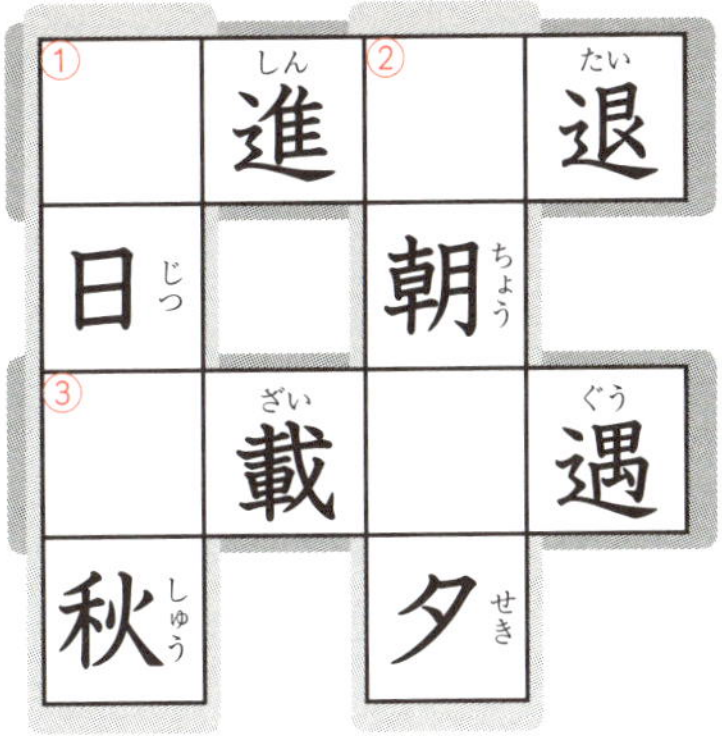

【ヒント】

よこ　①…ちょっと行《い》っては、またもどる。

③…めったにないチャンス！

たて　①…待《ま》ち遠《どお》しくてたまらない。

②…わずかな期間《きかん》。

【ヒント】

よこ

①…気《き》のゆるみが、いちばんあぶない。

③…いつでもいっしょ。

④…小《ちい》さなことを大《おお》げさに言《い》う。

⑤…たくさんの人《ひと》がみんな同《おな》じことを言《い》う。

たて

②…ちょっとずつちがうけど、大体同《だいたいおな》じ。

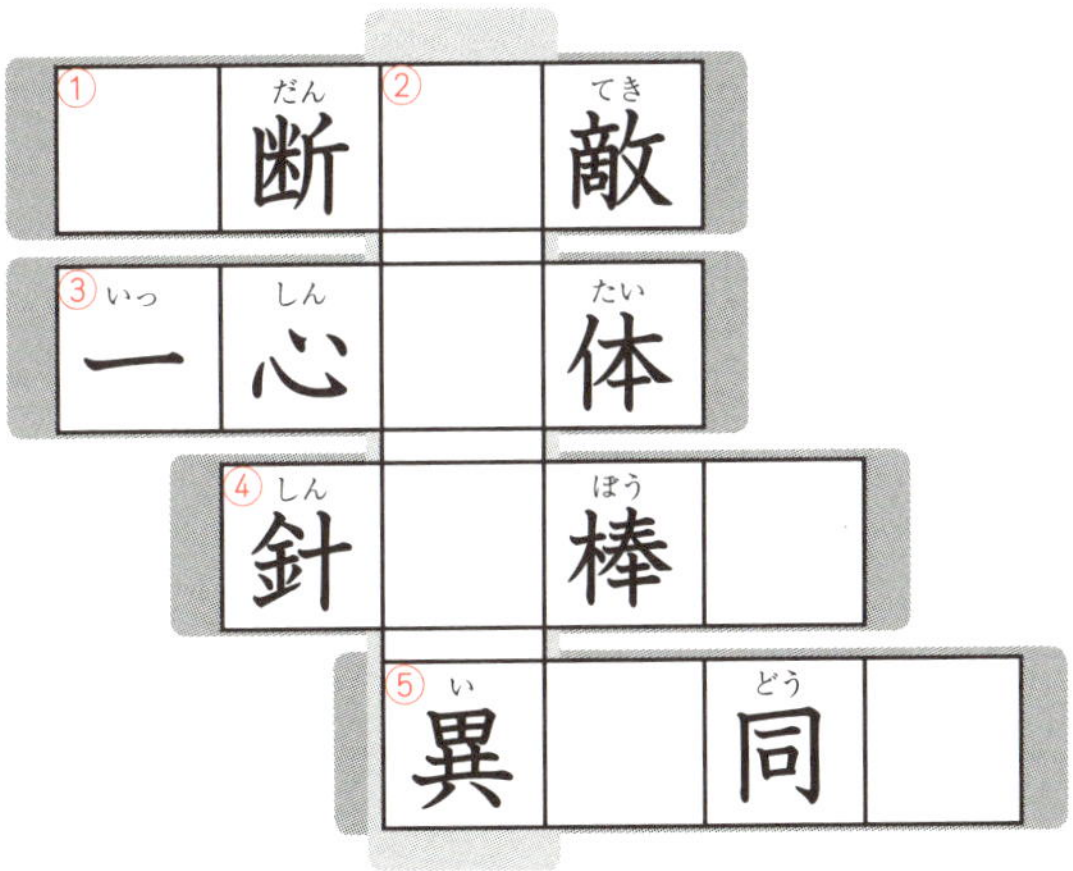

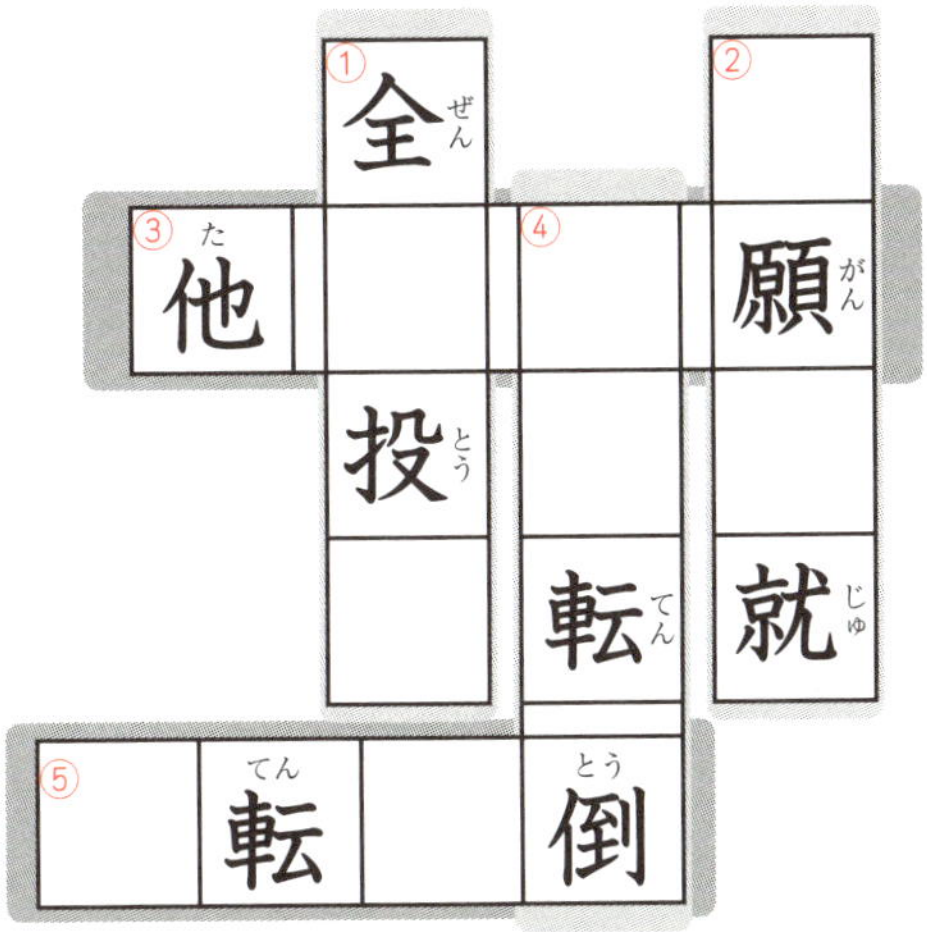

【ヒント】

よこ

③…自分《じぶん》でやらずに、ほかの人《ひと》をたよること。

⑤…痛《いた》くて苦《くる》しくて、のたうち回《まわ》る。

たて

①…自分《じぶん》の力《ちから》を100%ふりしぼる。

②…願《ねが》いがかなった。

④…勉強《べんきょう》の予定表《よていひょう》を作《つく》るのに時間《じかん》をかけすぎて、宿題《しゅくだい》をやる時間《じかん》がなくなってしまうようなこと。

←答《こた》えは次《つぎ》のページ

【59ページの答え】

一	進	一	退
日		朝	
千	載	一	遇
秋		夕	

一進一退《いっしんいったい》
意味　進《すす》んだり、もどったりすること。

千載一遇《せんざいいちぐう》
意味　めったにない、良《よ》い機会《きかい》。

一日千秋《いちじつせんしゅう》
意味　人《ひと》や物事《ものごと》を待《ま》ち遠《どお》しく思《おも》うこと。「いちにちせんしゅう」とも読《よ》む。

一朝一夕《いっちょういっせき》
意味　ひと朝《あさ》やひとばんなどわずかな時間《じかん》のこと。

有	言	実	行
名			
無	我	夢	中
実	田		
	引		
	水		

有言実行《ゆうげんじっこう》
意味　口《くち》にしたことを実行《じっこう》する。

無我夢中《むがむちゅう》
意味　何《なに》かに夢中《むちゅう》になって、ほかのことに気《き》が回《まわ》らなくなる。

有名無実《ゆうめいむじつ》
意味　評判《ひょうばん》だけいいが、中身《なかみ》がないこと。

我田引水《がでんいんすい》
意味　自分《じぶん》の都合《つごう》のいいように言《い》ったり、行動《こうどう》したりすること。

油	断	大	敵		
一	心	同	体		
	針	小	棒	大	
		異	口	同	音

油断大敵《ゆだんたいてき》
意味　気《き》をぬくと大《おお》きな失敗《しっぱい》をしてしまう。

一心同体《いっしんどうたい》
意味　一《ひと》つの心《こころ》、一《ひと》つの体《からだ》になったかのように強《つよ》く結《むす》ばれていること。

針小棒大《しんしょうぼうだい》
意味　物事《ものごと》を大《おお》げさに言《い》うこと。

異口同音《いくどうおん》
意味　多《おお》くの人《ひと》が口々《くちぐち》に同《おな》じことを言《い》うこと。

大同小異《だいどうしょうい》
意味　細《こま》かく見《み》ると異《こと》なっているが、大体同《だいたいおな》じこと。

		全		大
	他	力	本	願
		投	末	成
		球	転	就
七	転	八	倒	

他力本願《たりきほんがん》
意味　ほかの人《ひと》の力《ちから》をたよりにすること。

七転八倒《しちてんばっとう》
意味　とても痛《いた》くて、もがき苦《くる》しむこと。

全力投球《ぜんりょくとうきゅう》
意味　持《も》っている力《ちから》をすべてふりしぼって、何《なに》かに取《と》り組《く》むこと。

大願成就《たいがんじょうじゅ》
意味　大《おお》きな願《ねが》いがかなうこと。

本末転倒《ほんまつてんとう》
意味　大事《だいじ》なことと、そうではない小《ちい》さなことを取《と》りちがえていること。

ちょっとくらいおかわりしても大丈夫《だいじょうぶ》って思《おも》ったけど**油断大敵《ゆだんたいてき》**だわ〜

イソップ童話《どうわ》の『うさぎとかめ』は知《し》っているかな？「足《あし》のおそいかめに、負《ま》けるわけがない」と自信満々《じしんまんまん》だったうさぎが、とちゅうでいねむりをしてしまい、競走《きょうそう》に負《ま》けてしまう話《はなし》だよね。
このうさぎこそ**「油断大敵《ゆだんたいてき》」**の見本《みほん》だね。
どんなときでも、相手《あいて》をあまく見《み》ないで**「全力投球《ぜんりょくとうきゅう》」**でがんばろう！

ことわざ・慣用句

どんなものか知《し》っているかな？

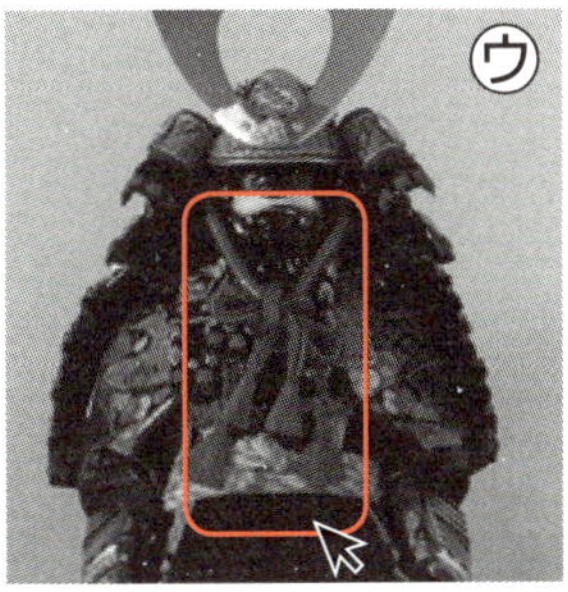

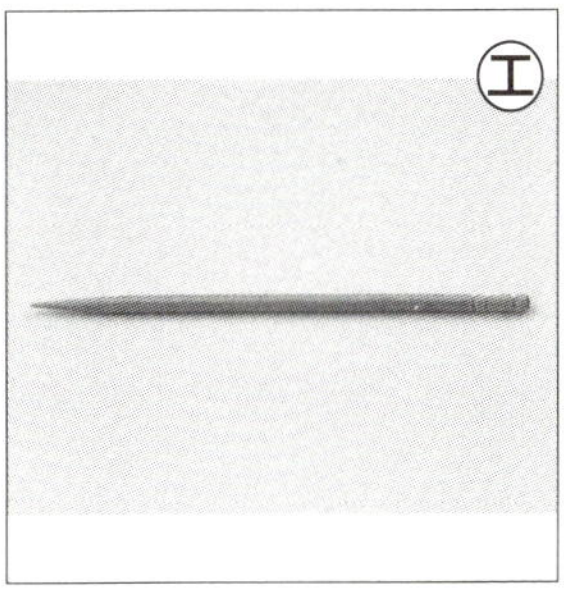

→香《かお》りの強《つよ》い山菜《さんさい》

●（　）に当《あ》てはまるものを、上《うえ》の写真《しゃしん》から選《えら》んで記号《きごう》を書《か》こう。わくで囲《かこ》まれているものは、その部分《ぶぶん》だよ。

① 勝《か》ってかぶとの（　）をしめよ

② 武士《ぶし》は食《く》わねど高《たか》（　）

③ 昔《むかし》取《と》った（　）

④ 覆水《ふくすい》（　）に返《かえ》らず

⑤ （　）の大木《たいぼく》

⑥ （　）からこま

←答《こた》えは次《つぎ》のページ

【61ページの答え】

①勝《か》ってかぶとの（ウ緒《お》）をしめよ

意味　敵《てき》に勝《か》った後《あと》でも、油断《ゆだん》してはいけない。気《き》を引《ひ》きしめることが大切《たいせつ》だ。

②武士《ぶし》は食《く》わねど高《たか》（エようじ）

意味　お金《かね》にこまっていてもそんなそぶりは見《み》せず、気位《きぐらい》を高《たか》く持《も》っていること。

③昔取《むかしと》った（イきねづか）

意味　若《わか》いころに身《み》につけて、自信《じしん》のある技《わざ》。昔《むかし》はきねでもちを上手《じょうず》につけたというたとえで、今《いま》も自信《じしん》がある技術《ぎじゅつ》のこと。

④覆水《ふくすい》（オ盆《ぼん》）に返《かえ》らず

意味　一度《いちど》してしまったことは、元《もと》にはもどらない。

⑤（カうど）の大木《たいぼく》

意味　体《からだ》ばかり大《おお》きくて役《やく》に立《た》たない人《ひと》のこと。植物《しょくぶつ》のうどの茎《くき》は、長《なが》いけれどやわらかく役《やく》に立《た》たないことから。

⑥（アひょうたん）からこま

意味　ありえないことが起《お》こること。また、冗談《じょうだん》で言《い》ったことが本当《ほんとう》になること。

「ひょうたんからこま」のこまは馬《うま》のことなんだ。ひょうたんは昔《むかし》、水《みず》やお酒《さけ》を入《い》れる容器《ようき》として使《つか》われていたよ。細《ほそ》い口《くち》はせんもしやすく、たおれても中身《なかみ》がいっぺんにこぼれないので、重宝《ちょうほう》されたんだ。その細《ほそ》い口《くち》から馬《うま》が飛《と》び出《だ》すなんて、まさにマジック！ありえないことが起《お》きたときに使《つか》うことわざだね。

\学習《がくしゅう》した日《ひ》/
月　日

ことわざ・慣用句

同《おな》じことばにつながるよ

●□に共通《きょうつう》することばを入《い》れて完成《かんせい》させよう。

①
耳《みみ》に
気《き》が
□□

②
腕《うで》が
筆《ふで》が
□□

③
腰《こし》を
骨《ほね》を
□□

④
ひざを
えりを
□□

⑤
気《き》が
口《くち》が
□□

⑥
目《め》が
しきいが
□□

⑦
角《かど》が
鳥肌《とりはだ》が
□□

⑧
裏目《うらめ》に
ぼろが
□□

⑨
舌鼓《したつづみ》を
ひざを
□□

←答《こた》えは次《つぎ》のページ

【63ページの答え】

① つく
- 耳《みみ》につく……いつまでも耳《みみ》に残《のこ》って気《き》になる。うるさく感《かん》じる。
- 気《き》がつく……考《かんが》えがおよぶ。細《こま》かいところまで注意《ちゅうい》する。意識《いしき》をとりもどす。

② 立《た》つ
- 腕《うで》が立つ……良《よ》い腕前《うでまえ》を持《も》っている。
- 筆《ふで》が立つ……文章《ぶんしょう》を書《か》くのがうまい。

③ 折《お》る
- 腰《こし》を折る……とちゅうでじゃまをする。
- 骨《ほね》を折る……苦労《くろう》して人《ひと》のために働《はたら》く。

④ 正《ただ》す
- ひざを正す……きちんとすわる。きちんとした態度《たいど》をとる。
- えりを正す……みだれた服《ふく》や姿勢《しせい》を整《ととの》える。気持《きも》ちを引《ひ》きしめる。

⑤ 重《おも》い
- 気《き》が重い……イヤな予感《よかん》がして、何《なに》かをする気《き》にならない。
- 口《くち》が重い……口数《くちかず》が少《すく》ない。考《かんが》えていることを外《そと》に出《だ》さない。

⑥ 高《たか》い
- 目《め》が高い……ものの良《よ》し悪《あ》しを見分《みわ》ける力《ちから》がある。
- しきいが高い……義理《ぎり》を欠《か》いたり、申《もう》し訳《わけ》ないことがあったりしたので、その家《いえ》に行《い》きにくい。

⑦ 立《た》つ
- 角《かど》が立つ……関係《かんけい》がおだやかでなくなる。
- 鳥肌《とりはだ》が立つ……寒《さむ》さやおそろしさで、ひふに小《ちい》さなぶつぶつがうき出《で》てくる。

⑧ 出《で》る
- 裏目《うらめ》に出る……良《よ》いと思《おも》ってしたことが、逆《ぎゃく》の結果《けっか》となる。
- ぼろが出る……かくしていた欠点《けってん》などが現《あらわ》れる。

⑨ 打《う》つ
- 舌鼓《したつづみ》を打つ……おいしいものを食《た》べて、思《おも》わず舌《した》を鳴《な》らす。
- ひざを打つ……何《なに》かを思《おも》いついたり、感心《かんしん》したりして、手《て》でひざをたたく。

「耳《みみ》につく」ということばは、「時計《とけい》の音《おと》が耳《みみ》についてねむれない」などのようにイヤな感《かん》じを表《あらわ》しているんだ。ちなみに、「耳《みみ》ざわり」もうるさかったり、イヤな感《かん》じのときに使《つか》うことばだよ。最近《さいきん》は「耳《みみ》ざわりがいい」という使《つか》いかたをする人《ひと》もいるけど、ちょっとおかしな表現《ひょうげん》だね。

ことわざ・慣用句

クロスワードパズル上級《じょうきゅう》にチャレンジ

●下《した》のカギを読《よ》み、当《あ》てはまることばをひらがなで書《か》きこんで、パズルを完成《かんせい》させよう。

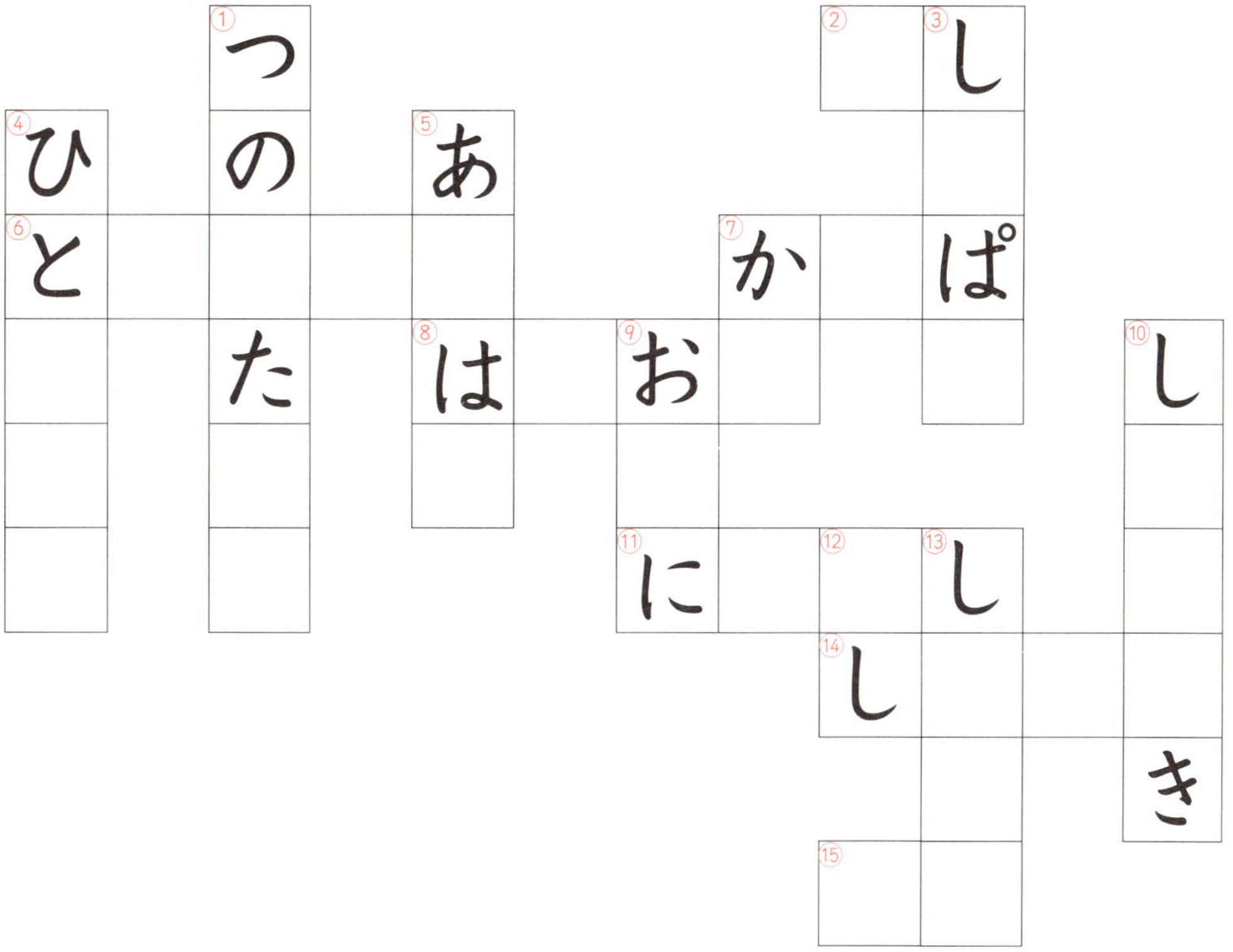

【たてのカギ】

①細《こま》かいことにこだわっていると「**○○○○○○牛《うし》を殺《ころ》す**」ことになるよ。

③「**○○○○は成功《せいこう》のもと**」って言《い》うだろ。ちょっと失敗《しっぱい》してもめげるなよ。

④グループだけのひみつだったのに「**○○○○○に戸《と》は立《た》てられない**」ね。クラスのみんなが知《し》っているよ。

⑤あれもこれもやろうとすると「**○○○○取《と》らず**」になるから気《き》をつけて。

⑦「**桃栗三年《ももくりさんねん》○○八年《はちねん》**」と言《い》うから、気長《きなが》に育《そだ》てよう。

⑨このセーター、わたしには大《おお》きすぎるし、お姉《ねえ》ちゃんには小《ちい》さくて「**○○○短《みじか》したすきに長《なが》し**」だね。

⑩うそをついてはいけないよ。「**○○○○○は一生《いっしょう》の宝《たから》**」だからね。

⑫むずかしい本《ほん》が好《す》きだなんて、ホントに「**蓼食《たでく》う○○も好《す》き好《ず》き**」だね。

⑬本気《ほんき》で勉強《べんきょう》していると、お父《とう》さんに納得《なっとく》してもらうために、満点《まんてん》のテストを見《み》せよう。「**論《ろん》より○○○○**」だ。

【よこのカギ】

②マンガ賞《しょう》の応募作《おうぼさく》は、どれも「**○○にも棒《ぼう》にもかからない**」レベルだ。

⑥アニメ好《ず》きの人《ひと》は集《あつ》まるよね。「**類《るい》は○○○○○**」のことば通《どお》りだ。

⑦「**○○○の川流《かわなが》れ**」にならないように、得意《とくい》なことでも注意《ちゅうい》してやろう。

⑧夏休《なつやす》みも朝六時《あさろくじ》に起《お》きていたら、おばあちゃんにほめられて、おこづかいをもらえたよ。「**○○○○は三文《さんもん》の徳《とく》（得《とく》）**」だね。

⑪兄《あに》は、買《か》ったばかりの新車《しんしゃ》に傷《きず》をつけてしまって「**○○○○をかみつぶしたよう**」な顔《かお》をしている。

⑭そんな大切《たいせつ》な話《はなし》、ここでしちゃダメだよ。「**壁《かべ》に耳《みみ》あり○○○○に目《め》あり**」って言《い》うじゃないか。

⑮弱《よわ》った相手《あいて》を追《お》いつめすぎないようにね。「**窮鼠《きゅうそ》○○をかむ**」で、やけっぱちでやり返《かえ》してくるかもしれないからね。

←答《こた》えは次《つぎ》のページ

▼▼▼【65ページの答え】

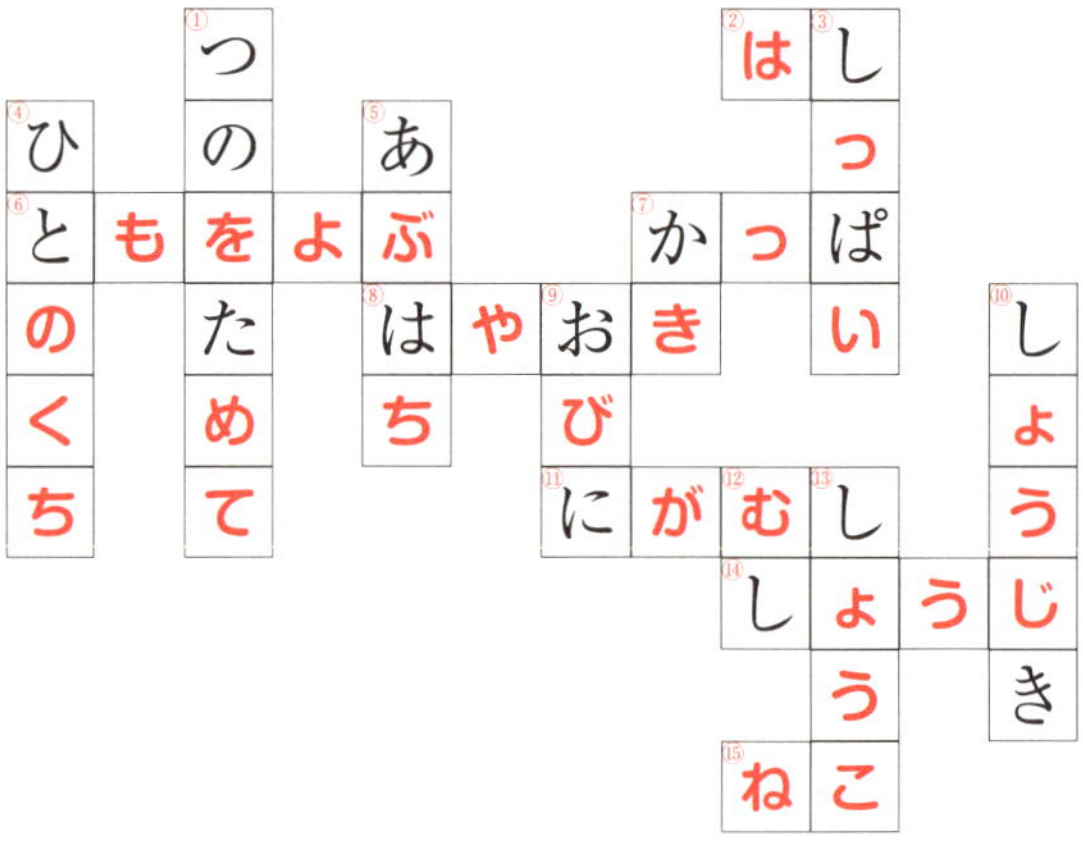

つ　はし
ひ　の　あ　っ
と　も　を　よ　ぶ　か　っ　ぱ
の　た　は　や　お　き　い　し
く　め　ち　び　ょ
ち　て　に　が　む　し　う
し　ょ　う　じ
う　き
ね　こ

たて

①**角《つの》をためて牛《うし》を殺《ころ》す**
意味　小《ち》さな欠点《けってん》を直《なお》そうとして、かえって全体《ぜんたい》をダメにする。

③**失敗《しっぱい》は成功《せいこう》のもと**
意味　失敗《しっぱい》しても、その原因《げんいん》を直《なお》せばやがて成功《せいこう》する。

④**人《ひと》の口《くち》に戸《と》は立《た》てられない**
意味　うわさ話《ばなし》は止《と》められない。

⑤**あぶはち取《と》らず**
意味　よくばって二《ふた》つを取《と》ろうとすると、どれも失敗《しっぱい》する。

⑦**桃栗三年柿八年《ももくりさんねんかきはちねん》**
意味　桃《もも》と栗《くり》は三年《さんねん》、柿《かき》は八年《はちねん》、実《みの》るまでには時間《じかん》がかかる。

⑨**帯《おび》に短《みじか》したすきに長《なが》し**
意味　ちゅうとはんぱなこと。

⑩**正直《しょうじき》は一生《いっしょう》の宝《たから》**
意味　正直《しょうじき》は一生《いっしょう》持《も》ち続《つづ》けたい宝物《たからもの》だ。

⑫**蓼《たで》食《く》う虫《むし》も好《す》き好《ず》き**
意味　人《ひと》の好《この》みはいろいろちがう。

⑬**論《ろん》より証拠《しょうこ》**
意味　口《くち》で言《い》い合《あ》うより、証拠《しょうこ》を見《み》せたほうが早《はや》い。

よこ

②**はしにも棒《ぼう》にもかからない**
意味　あまりにもひどくて、どうしようもない。

⑥**類《るい》は友《とも》を呼《よ》ぶ**
意味　気《き》の合《あ》った人《ひと》や、にている人《ひと》はしぜんに集《あつ》まる。

⑦**かっぱの川流《かわなが》れ**
意味　名人《めいじん》でも失敗《しっぱい》することがある。「猿《さる》も木《き》から落《お》ちる（24ページ）」と同《おな》じ意味《いみ》。

⑧**早起《はやお》きは三文《さんもん》の徳《とく》**
意味　早起《はやお》きすると良《よ》いことが起《お》こる。「三文《さんもん》の得《とく》」とも書《か》く。

⑪**苦虫《にがむし》をかみつぶしたよう**
意味　きげんが悪《わる》い顔《かお》のようす。

⑭**壁《かべ》に耳《みみ》あり障子《しょうじ》に目《め》あり**
意味　だれがどこで聞《き》いたり見《み》たりしているかわからない。ひみつの話《はなし》はもれやすい。

⑮**窮鼠《きゅうそ》猫《ねこ》をかむ**
意味　弱《よわ》いものも追《お》いつめられれば、強《つよ》いものに立《た》ち向《む》かってくる。

早《はや》く起《お》きなさ～い！「早起《はやお》きは三文《さんもん》の徳《とく》」って言《い》うでしょ！
早起《はやお》きしたってたった三文《さんもん》しかいいことがないなら、ねていたほうがましだよ～！
ヤダー!!

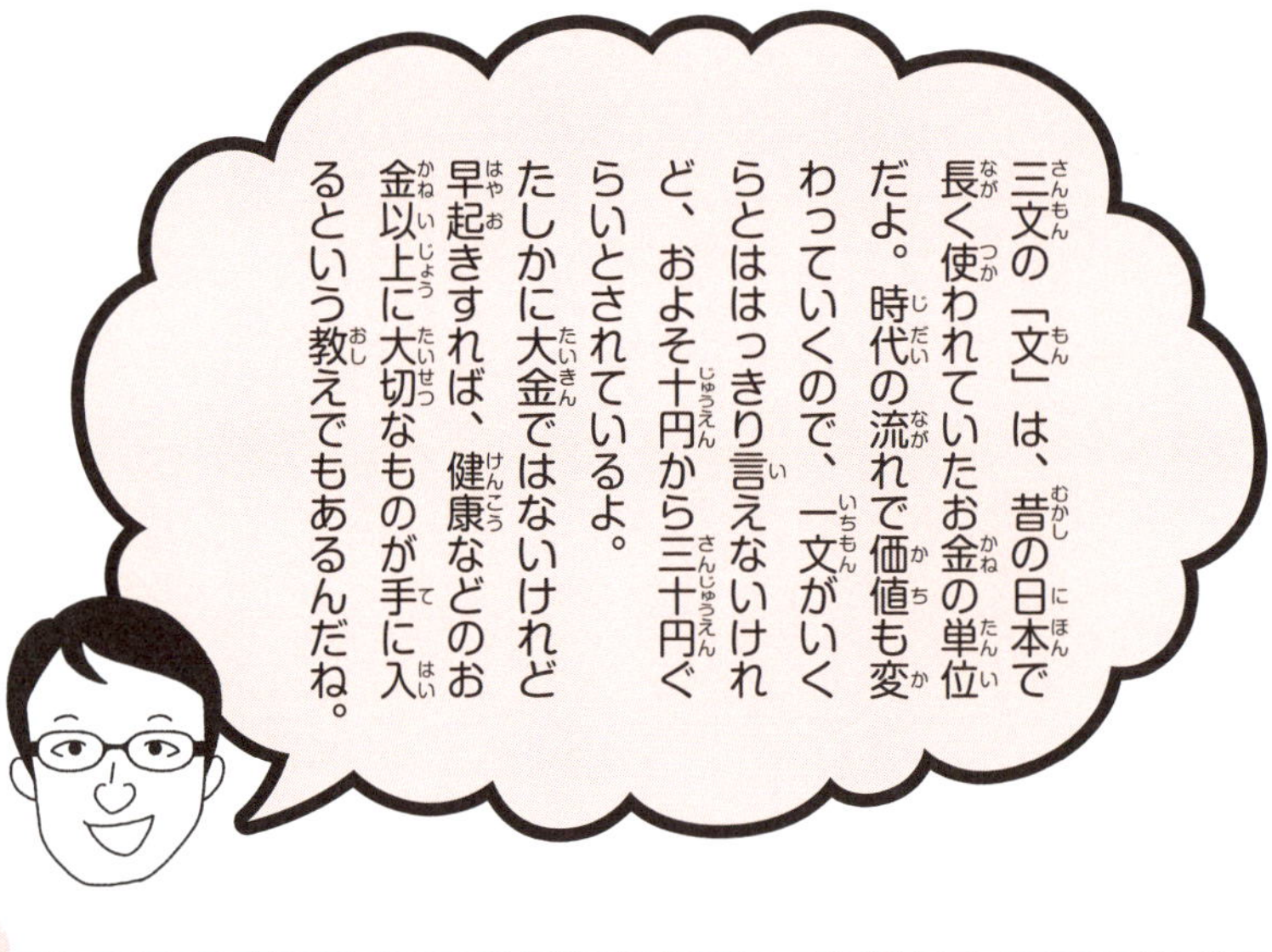

三文《さんもん》の「文《もん》」は、昔《むかし》の日本《にほん》で長《なが》く使《つか》われていたお金《かね》の単位《たんい》だよ。時代《じだい》の流《なが》れで価値《かち》も変《か》わっていくので、一文《いちもん》がいくらとははっきり言《い》えないけれど、およそ十円《じゅうえん》から三十円《さんじゅうえん》ぐらいとされているよ。たしかに大金《たいきん》ではないけれど早起《はやお》きすれば、健康《けんこう》などのお金《かね》以上《いじょう》に大切《たいせつ》なものが手《て》に入《はい》るという教《おし》えでもあるんだね。

学習《がくしゅう》した日《ひ》

　月　日

ことわざ・慣用句

こんなときにピッタリなことばは？

次《つぎ》のマンガを一言《ひとこと》で表《あらわ》すとどうなる？ □には漢字《かんじ》、⬚にはひらがなを入《い》れて完成《かんせい》させよう。

⬚⬚⬚をぬかす

⬚⬚の□をちらす

□の□に入《い》れても痛《いた》くない

←答《こた》えは次《つぎ》のページ

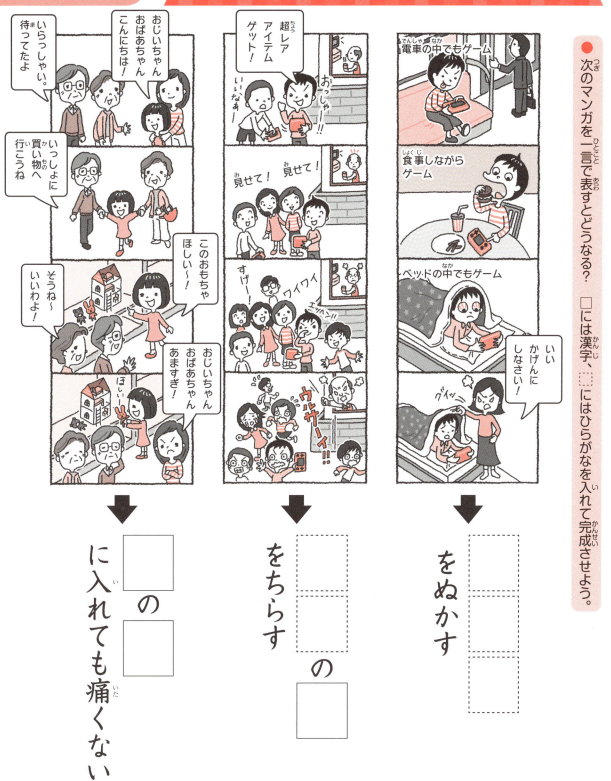

▼▼▼【67ページの答え】

うつつをぬかす

意味 あることに夢中《むちゅう》になって、やるべきことをわすれてしまう。

くもの子《こ》をちらす

意味 大勢《おおぜい》の人《ひと》がパッと散《ち》らばって逃《に》げるようす。

目《め》の中《なか》に入《い》れても痛《いた》くない

意味 かわいくてたまらない。「目《め》に入《い》れても痛《いた》くない」とも。

うつつというのは現実《げんじつ》の「現《げん》」と書《か》いて「正気《しょうき》」という意味《いみ》なんだ。**「うつつをぬかす」**で「正気《しょうき》を失《うしな》うほど熱中《ねっちゅう》しているようす」のことを表《あらわ》しているよ。

あまり良《よ》い意味《いみ》では使《つか》われないけれど、キミには時間《じかん》をわすれて熱中《ねっちゅう》してしまうもの、つまり**「うつつをぬかす」**ほど好《す》きなことはあるかな? ゲームでもマンガでも、何《なん》でも自分《じぶん》が好《す》きなことをつきつめていくのはいいことだよ。

今《いま》はゲームプログラマーだよ。小学生《しょうがくせい》のころはゲームに**うつつをぬかして**いたけど、そのおかげで、この仕事《しごと》につけたのさ

学習《がくしゅう》した日《ひ》

月　日

四字熟語

正《ただ》しい組《く》み合《あ》わせを作《つく》ろう

●上《うえ》と下《した》、二文字《にもじ》ずつをうまくつなげると9つの四字熟語《よじじゅくご》ができるよ。できたら、下《した》の□に書《か》きだそう。

上《うえ》の二文字《にもじ》

一丁《いっちょう》　一長《いっちょう》　一気《いっき》　一期《いっき》　一喜《いっき》　日新《にっしん》　日進《にっしん》　百発《ひゃっぱつ》　百戦《ひゃくせん》　言語《ごんご》

弱肉《じゃくにく》　柔肉《じゅうにく》　仙変《せんぺん》　千変《せんぺん》　伝光《でんこう》　電光《でんこう》　雷電《らいでん》　東方《とうほう》　東奔《とうほん》　東本《とうほん》

下《した》の二文字《にもじ》

一端《いったん》　一短《いったん》　獣肉《じゅうにく》　強食《きょうしょく》　千化《せんか》　万化《ばんか》　万花《まんか》　十中《じっちゅう》　百中《ひゃくちゅう》　千中《せんちゅう》

百優《ひゃくゆう》　一憂《いちゆう》　北行《ほっこう》　西走《せいそう》　南歩《なんぽ》　道断《どうだん》　月歩《げっぽ》　週走《しゅうそう》　石火《せっか》　化石《かせき》

←答《こた》えは次《つぎ》のページ

【69ページの答え】

一長一短《いっちょういったん》
意味　どんなことにも、良《よ》いところと悪《わる》いところがある。完全《かんぜん》なものはないこと。

一喜一憂《いっきいちゆう》
意味　状況《じょうきょう》や場面《ばめん》が変《か》わるたびに、喜《よろこ》んだり悲《かな》しんだりして、落《お》ち着《つ》かないこと。

日進月歩《にっしんげっぽ》
意味　休《やす》むことなく、どんどん進歩《しんぽ》していくこと。

百発百中《ひゃっぱつひゃくちゅう》
意味　計画《けいかく》がすべて予想通《よそうどお》りになること。しゃげきがうまくて、すべて的《まと》に当《あ》たること。

言語道断《ごんごどうだん》
意味　ことばで言《い》い表《あらわ》せないほどひどいこと。もってのほか。

電光石火《でんこうせっか》
意味　動《うご》きがものすごく早《はや》いこと。

弱肉強食《じゃくにくきょうしょく》
意味　弱《よわ》いものが強《つよ》いもののえじきになること。強《つよ》いものが栄《さか》えること。

千変万化《せんぺんばんか》
意味　ようすがいろいろと変《か》わること。

東奔西走《とうほんせいそう》
意味　仕事《しごと》や目的《もくてき》があって、あちこちいそがしく走《はし》り回《まわ》ること。

「**電光石火**《でんこうせっか》」の**電光**《でんこう》はかみなりの光《ひかり》のこと。
では**石火**《せっか》とは？
答《こた》えは火打石《ひうちいし》を打《う》ち合《あ》ったときに出《で》る火花《ひばな》のことなんだ。マッチもライターもないころ、火《ひ》をつけるには火打石《ひうちいし》をカッカッと打《う》って出《で》た火花《ひばな》を、火種《ひだね》にしたんだ。
どちらもいっしゅん光《ひか》って、すぐ消《き》えてしまうね。
そんな短《みじか》い時間《じかん》のことを意味《いみ》しているよ。

ことわざ・慣用句

どちらだったかな？

●正《ただ》しいほうを選《えら》んで○をつけよう。

① 足《あし》が［杖《つえ》／棒《ぼう》］になる

② ［荒野《こうや》／紺屋《こうや》］の白《しろ》ばかま

③ ［急《せ》いては／攻《せ》めては］ことをしそんじる

④ 千里《せんり》の道《みち》も［一里《いちり》／一歩《いっぽ》］から

⑤ かい犬《いぬ》に［手《て》／尻《しり》］をかまれる

⑥ 歯《は》に［絹《きぬ》／衣《きぬ》］着《き》せぬ

⑦ 人《ひと》のふり見《み》て［我《わ》が／君《きみ》の］ふり直《なお》せ

⑧ 目《め》は［口《くち》／筆《ふで》］ほどにものを言《い》う

⑨ ぬれ手《て》で［粟《あわ》／泡《あわ》］

⑩ 残《のこ》りものには［幸《さち》／福《ふく》］がある

⑪ かえるの子《こ》は［おたまじゃくし／かえる］

⑫ 身《み》から出《で》た［さび／あか］

←答《こた》えは次《つぎ》のページ

▼▼▼【71ページの答え】

①**足《あし》が 棒《ぼう》 になる**
意味
歩《ある》き続《つづ》けたり、立《た》ち続《つづ》けたりして、足《あし》がくたびれてしまうこと。

②**紺屋《こうや》 の白《しろ》ばかま**
意味
他人《たにん》のことでいそがしく、自分《じぶん》のことまで手《て》が回《まわ》らないこと。「医者《いしゃ》の不養生《ふようじょう》（34ページ）」もにた意味《いみ》。そめものをしているのに、自分《じぶん》のはかまはよごさないという技《ぎ》術《じゅつ》の高《たか》さを意味《いみ》することもある。

③**急《せ》いては ことをしそんじる**
意味
急《いそ》ぐと失敗《しっぱい》しやすいから、あわてずじっくり取《と》り組《く》みなさいということ。

④**千里《せんり》の道《みち》も 一歩《いっぽ》 から**
意味
何事《なにごと》も、はじめは小《ちい》さいことからスタートする。

⑤**かい犬《いぬ》に 手《て》 をかまれる**
意味
世話《せわ》をしている人《ひと》から害《がい》を受《う》けること。

⑥**歯《は》に 衣《きぬ》 着《き》せぬ**
意味
えんりょせずに思《おも》ったことをズバリと言《い》う。

⑦**人《ひと》のふり見《み》て 我《わ》が ふり直《なお》せ**
意味
他人《たにん》の行《おこな》いの良《よ》し悪《あ》しを見《み》て、自分《じぶん》の行《おこな》いを反省《はんせい》して改《あらた》めなさい。

⑧**目《め》は 口《くち》 ほどにものを言《い》う**
意味
目《め》は、口《くち》で伝《つた》えるのと同《おな》じくらい、気《き》持《も》ちや思《おも》っていることを伝《つた》えるものだ。

⑨**ぬれ手《て》で 粟《あわ》**
意味
苦労《くろう》や努力《どりょく》をせずに、多《おお》くの利益《りえき》を得《え》ること。

⑩**残《のこ》りものには 福《ふく》 がある**
意味
残《のこ》ったものには幸運《こううん》がある。

⑪**かえるの子《こ》は かえる**
意味
子《こ》どもは親《おや》にるということ。

⑫**身《み》から出《で》た さび**
意味
自分《じぶん》がした悪《わる》いことやあやまちのせいで、自分《じぶん》が苦《くる》しむこと。

「ぬれ手《て》であわ」って「せっけんで手《て》をよく洗《あら》いなさい」という意味《いみ》？
それは、泡《あわ》
チーン…
粟《あわ》が正《ただ》しい
「あわ」という穀物《こくもつ》で、昔《むかし》の日本《にほん》でよく食《た》べられていたのよ。今《いま》はあわもちなどに使《つか》われているわ
キラン
あわまんじゅう
あわもち

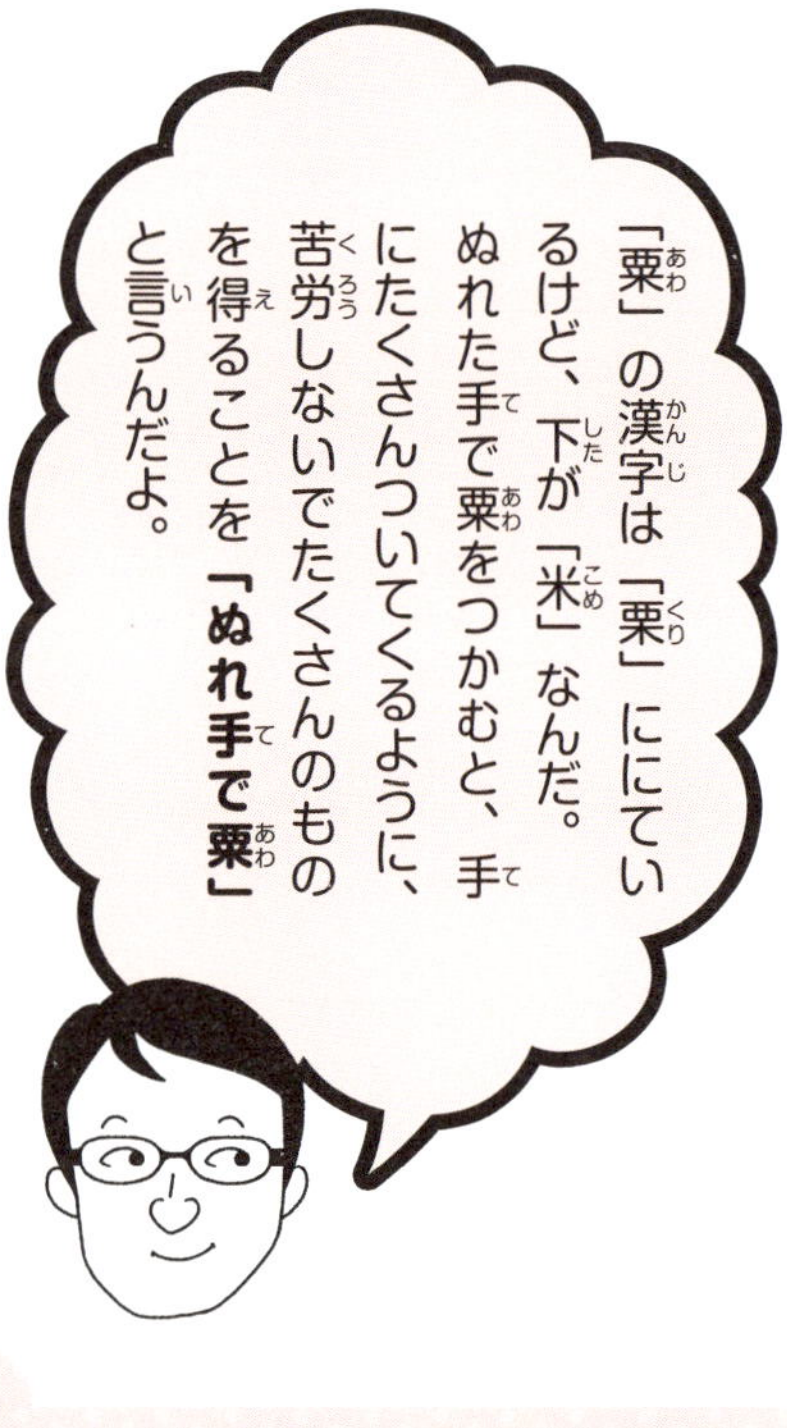
「粟《あわ》」の漢字《かんじ》は「栗《くり》」ににているけど、下《した》が「米《こめ》」なんだ。ぬれた手《て》で粟《あわ》をつかむと、手《て》にたくさんついてくるように、苦労《くろう》しないでたくさんのものを得《え》ることを「ぬれ手《て》で粟《あわ》」と言《い》うんだよ。

正《ただ》しいことばを完成《かんせい》させよう

● 正《ただ》しいことばになるイラストを選《えら》んで（　）に記号《きごう》を書《か》こう。

① （　）の色《いろ》を変《か》える

ア

▲花《はな》

イ

▲目《め》

ウ
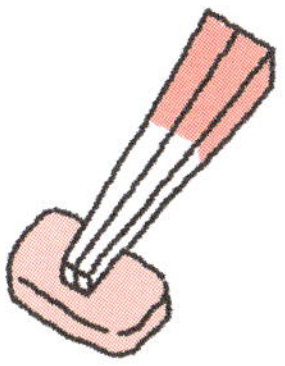
▲はし

エ

▲耳《みみ》

② 青《あお》菜《な》に（　）

ア

▲砂《すな》

イ

▲水《みず》

ウ

▲塩《しお》

エ

▲七味《しちみ》

③ 合《あ》わせる（　）がない

ア

▲顔《かお》

イ

▲鼻《はな》

ウ

▲頭《あたま》

エ

▲手《て》

④ （　）飲《の》みにする

ア

▲いるか

イ

▲からす

ウ

▲う

エ
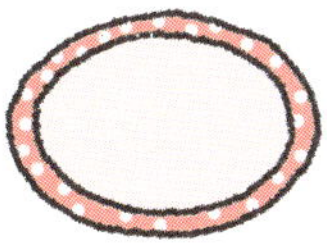
▲皿《さら》

⑤ （　）を曲《ま》げる

ア

▲しっぽ

イ

▲肩《かた》

ウ
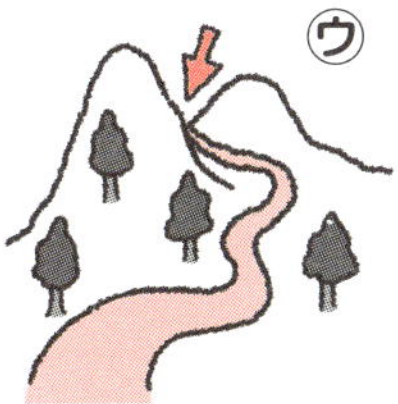
▲とうげ

エ

▲へそ

⑥ （　）を割《わ》ったよう

ア

▲竹《たけ》

イ
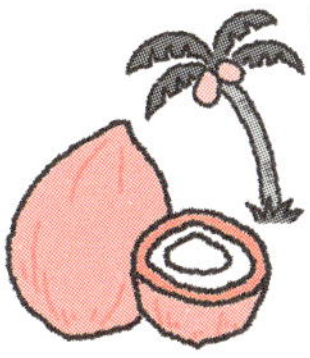
▲実《み》

ウ

▲スマホ

エ

▲板《いた》

←答《こた》えは次《つぎ》のページ

【73ページの答え】

① （**イ目**《め》）**の色**《いろ》**を変**《か》**える**

意味　必死《ひっし》になって、目《め》つきが変《か》わる。おどろいたり、おこったりしたときにも使《つか》う。

② **青菜**《あおな》**に**（**ウ塩**《しお》）

意味　青菜《あおな》に塩《しお》をかけるとしなびてしまうように、元気《げんき》をなくしてしょんぼりすること。

③ **合**《あ》**わせる**（**ア顔**《かお》）**がない**

意味　自分《じぶん》のしたことがはずかしくて、相手《あいて》に会《あ》うことができない。

④ （**ウう**）**飲**《の》**みにする**

意味　人《ひと》の言《い》うことを、よく考《かんが》えもせずに、そのまま信《しん》じて受《う》け入《い》れること。「う」は水中《すいちゅう》の魚《さかな》をつかまえるのが得意《とくい》な水鳥《みずどり》。あゆなどを丸飲《まるの》みにする。

⑤ （**エへそ**）**を曲**《ま》**げる**

意味　きげんが悪《わる》くなって、意固地《いこじ》になる。

⑥ （**ア竹**《たけ》）**を割**《わ》**ったよう**

意味　物事《ものごと》にこだわらない、さっぱりとした性格《せいかく》のこと。

時間割《じかんわり》をまちがえたおっちょこちょいな先生《せんせい》…

ごめんなさぁい…
時間割《じかんわり》をまちがえるなんてみんなに**合**《あ》**わせる顔**《かお》**がない**わ～
ひぃ!!
センセー!!
センセ～！ホ、ホントに顔《かお》が、あ、り、ま、せ～ん！
あわわわ…

「**合**《あ》**わせる顔**《かお》**がない**」とは上《うえ》のマンガのように「顔《かお》がなくなってしまう」のではなく、「はずかしくて会《あ》うことができない」という意《い》味《み》なんだ。
ことわざや慣用句《かんようく》は短《みじか》いことばを組《く》み合《あ》わせて深《ふか》い意《い》味《み》を伝《つた》えてくれるね。

学習《がくしゅう》した日《ひ》
月　日

四字熟語

あっている写真《しゃしん》を選《えら》ぼう

●（　）に当《あ》てはまる漢字《かんじ》を、下《した》の写真《しゃしん》から選《えら》んで書《か》こう。

① 一《いっ》（　）二《に》鳥《ちょう》

② （　）若《にゃく》男《なん》女《にょ》

③ 首《しゅ》（　）一《いっ》貫《かん》

④ （　）耳《じ》東《とう》風《ふう》

⑤ 花《か》鳥《ちょう》風《ふう》（　）

⑥ （　）頭《とう》狗《く》肉《にく》

⑦ 順《じゅん》風《ぷう》満《まん》（　）

⑧ （　）視《し》眈《たん》眈《たん》

⑨ 傍《ぼう》若《じゃく》無《ぶ》（　）

⑩ 一《いっ》（　）両《りょう》断《だん》

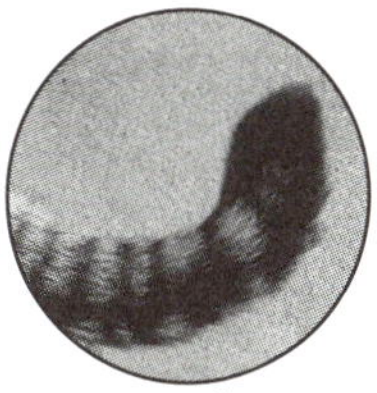
▲尾《び》

▲石《せき》

▲馬《ば》

▲羊《よう》

▲月《げつ》

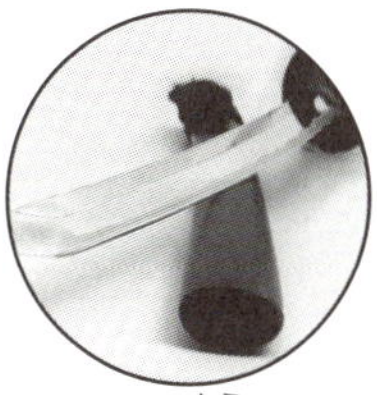
▲刀《とう》

▲牛《ぎゅう》

▲虎《こ》

▲人《じん》

▲雲《うん》

▲帆《はん》

▲老《ろう》

←答《こた》えは次《つぎ》のページ

【75ページの答え】

① 一《いっ》（石《せき》）二《に》鳥《ちょう》
意味 一《ひと》つのことで二《ふた》つのものを手《て》に入《い》れること。

② （老《ろう》）若《にゃく》男《なん》女《にょ》
意味 年寄《としよ》りも若者《わかもの》も男《おとこ》も女《おんな》も、すべての人《ひと》。

③ 首《しゅ》（尾《び》）一《いっ》貫《かん》
意味 はじめから終《お》わりまで、意見《いけん》や行動《こうどう》が変《か》わらないこと。

④ （馬《ば》）耳《じ》東《とう》風《ふう》
意味 人《ひと》の意見《いけん》や忠告《ちゅうこく》を聞《き》き流《なが》して、まったく気《き》にとめないようす。

⑤ 花《か》鳥《ちょう》風《ふう》（月《げつ》）
意味 天地《てんち》、自然《しぜん》の美《うつく》しい風景《ふうけい》。

⑥ （羊《よう》）頭《とう》狗《く》肉《にく》
意味 外見《がいけん》は立派《りっぱ》でも、中身《なかみ》がともなっていないこと。羊《ひつじ》の頭《あたま》をかんばんに出《だ》していながら、狗《いぬ》（＝犬《いぬ》）の肉《にく》を売《う》っているような店《みせ》ということから。

⑦ 順《じゅん》風《ぷう》満《まん》（帆《ぱん》）
意味 船《ふね》が帆《ほ》いっぱいに風《かぜ》を受《う》けて進《すす》むように、何《なに》もかもがうまく進《すす》むこと。

⑧ （虎《こ》）視《し》眈《たん》眈《たん》
意味 じっとチャンスを待《ま》って、ようすをうかがっていること。

⑨ 傍《ぼう》若《じゃく》無《ぶ》（人《じん》）
意味 まるでまわりに人《ひと》がいないかのように、勝手気《かってき》ままにふるまうようす。

⑩ 一《いっ》（刀《とう》）両《りょう》断《だん》
意味 物事《ものごと》をすばやく、きっぱりと始末《しまつ》すること。

「馬耳東風《ばじとうふう》」の**東風《とうふう》**は、春《はる》のおとずれを告《つ》げる気持《きも》ちいい風《かぜ》のこと。人間《にんげん》はこの春風《はるかぜ》を喜《よろこ》ぶけれど、馬《うま》は別《べつ》に何《なん》の感動《かんどう》も見《み》せないよね。

ちなみに、**「馬《うま》の耳《みみ》に念仏《ねんぶつ》**（46ページ）**」**は、ありがたい念仏《ねんぶつ》をいくら聞《き》かせたところで馬《うま》には意味《いみ》がわからないからムダだということ。

どちらも「馬《うま》」が使《つか》われていて、効果《こうか》がないというところがにているね。

テヘッ
なにか言ってるけど
オイラには関係ないヒーン

学習《がくしゅう》した日《ひ》
月　日

ことわざ・慣用句

なぞなぞ、わかるかな？

●三《みっ》つの中《なか》から答《こた》えを選《えら》んで○をつけよう。正《ただ》しいことばも言《い》ってみよう。

①
小《ちい》さな海老《えび》をエサにしたら
つれちゃった
エライお魚《さかな》ってなあに？

鯉《こい》　鯛《たい》　鮪《まぐろ》

②
たかは鳥《とり》の王者《おうじゃ》。
敵《てき》をつかまえるために
かくしているものはなあに？

爪《つめ》　とさか　尾《お》

③
井戸《いど》の中《なか》にいるのに、
「ここが世界《せかい》のすべて」と
思《おも》っているのはなあに？

かわず　虎《とら》　ねずみ

④
二匹《にひき》を追《お》いかけると、
結局一匹《けっきょくいっぴき》もつかまえられずに
終《お》わるのはなあに？

うさぎ　かめ　猿《さる》

⑤
食《た》べたときは、「熱《あつ》い！」と
思《おも》っても、ここを過《す》ぎれば
わすれちゃうのは？

鼻先《はなさき》　舌先《したさき》　のど

⑥
とても小《ちい》さいけれど、
集《あつ》まれば山《やま》になるという
これなあに？

ちり　ねずみ　羽《はね》

⑦
きつねが自分《じぶん》を強《つよ》そうに
見《み》せるために借《か》りるのは
何《なん》の動物《どうぶつ》の威《い》げん？

猫《ねこ》　虎《とら》　象《ぞう》

⑧
立派《りっぱ》なたかを生《う》んで
しまって、おどろいている
鳥《とり》はなあに？

とび　たか　つる

⑨
あぶないとわかっていても
火《ひ》の中《なか》に手《て》を伸《の》ばして
拾《ひろ》うものはなあに？

銭《ぜに》　形見《かたみ》　栗《くり》

⑩
大《おお》きな成果《せいか》を得《え》られたのも、
はじめに小《ちい》さなこれをまいた
から。これって、なあに？

ちり　種《たね》　水《みず》

⑪
女王様《じょおうさま》のティアラを着《つ》けた
ペットの犬《いぬ》。まるで、
「豚《ぶた》に○○」これなあに？

小判《こばん》　宝石《ほうせき》　真珠《しんじゅ》

⑫
いそがしいと、この手《て》も
借《か》りたくなるんだって。
これなあに？

たこ　孫《まご》　猫《ねこ》

←答《こた》えは次《つぎ》のページ

▼▼▼【77ページの答え】

①
鯛《たい》…海老《えび》で鯛《たい》をつる
意味
小《ちい》さなもので大《おお》きな利益《りえき》を上《あ》げること。

②
爪《つめ》…能《のう》あるたかは爪《つめ》をかくす
意味
才能《さいのう》がある人《ひと》ほど、それを外《そと》に見《み》せない。

③
かわず（かえる）…井《い》の中《なか》のかわず大海《たいかい》を知《し》らず
意味
自分《じぶん》のせまい経験《けいけん》や考《かんが》えかたにとらわれて、広《ひろ》い世界《せかい》を知《し》らない。せまい井戸《いど》の中《なか》にいるかえるは、広《ひろ》い外《そと》の世界《せかい》を知《し》らないということから。

④
うさぎ（兎《うさぎ》）…二兎《にと》追《お》うものは一兎《いっと》をも得《え》ず
意味
二《ふた》つの目的《もくてき》を追《お》って、どちらも逃《のが》してしまう。

⑤
のど…のど元《もと》すぎれば熱《あつ》さをわすれる
意味
苦《くる》しいことも、過《す》ぎさればその苦《くる》しさをわすれてしまう。

⑥
ちり…ちりも積《つ》もれば山《やま》となる
意味
小《ちい》さなものでも、積《つ》み重《かさ》ねていけば大《おお》きな成果《せいか》となる。

⑦
虎《とら》…虎《とら》の威《い》を借《か》るきつね
意味
自分《じぶん》には力《ちから》がないので、権力《けんりょく》がある人《ひと》にたよっていばる人《ひと》。

⑧
とび（とんび）…とびがたかを生《う》む
意味
ふつうの親《おや》からすぐれた子《こ》が生《う》まれること。

⑨
栗《くり》…火中《かちゅう》の栗《くり》を拾《ひろ》う
意味
ほかの人《ひと》のために、あえてきけんなことをすること。

⑩
種《たね》…まかぬ種《たね》は生《は》えぬ
意味
努力《どりょく》しなければ、良《よ》い結果《けっか》は生《う》まれない。

⑪
真珠《しんじゅ》…豚《ぶた》に真珠《しんじゅ》
意味
価値《かち》がわからなければ意味《いみ》がない。

⑫
猫《ねこ》…猫《ねこ》の手《て》も借《か》りたい
意味
とてもいそがしいので、だれでもいいから手伝《てつだ》ってほしい。

こんにちは！タイラくん、おひさしぶり
うわ〜、おばさんのスポーツカーかっこいい！
スゲー
この車《くるま》は五百円玉貯金《ごひゃくえんだまちょきん》で買《か》ったのよ！
「ちりも積《つ》もれば山《やま》となる」だよね〜！
またまたスゲー!!
500
100万円 BANK
ぼくもがんばって、おこづかいから毎月一円《まいつきいちえん》ずつためれば、三年《さんねん》で自転車《じてんしゃ》を買《か》えるかな？
え〜っと一年《いちねん》で十二円《じゅうにえん》で…
ブツブツブツブツ
う〜む…
十年《じゅうねん》がんばってもアイス1本《ぽん》ぐらいしか買《か》えないんじゃやる意味《いみ》ないよね
そんなことないわ。まずは始《はじ》めるのが大事《だいじ》なんだよ
ファイト!!

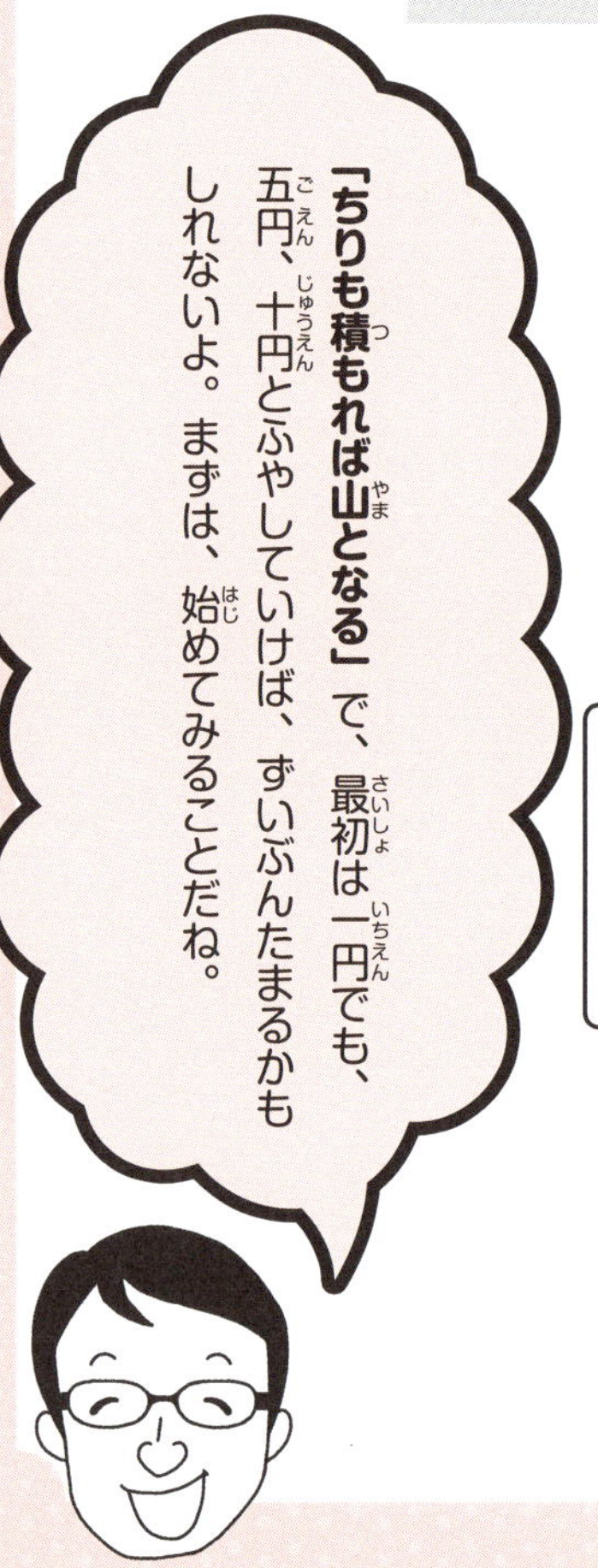
「ちりも積《つ》もれば山《やま》となる」で、最初《さいしょ》は一円《いちえん》でも、五円《ごえん》、十円《じゅうえん》とふやしていけば、ずいぶんたまるかもしれないよ。まずは、始《はじ》めてみることだね。

\学習《がくしゅう》した日《ひ》/
月　日

ことわざ・慣用句

ことばのあみだパズル

● あみだくじで上《うえ》と下《した》をうまく結《むす》んで、ことばを完成《かんせい》させよう。①〜④からよこ棒《ぼう》を2本《ほん》取《と》ると、うまくいくよ。

宝《たから》の　ピンから　棚《たな》に　道《みち》草《くさ》を　火《ひ》に

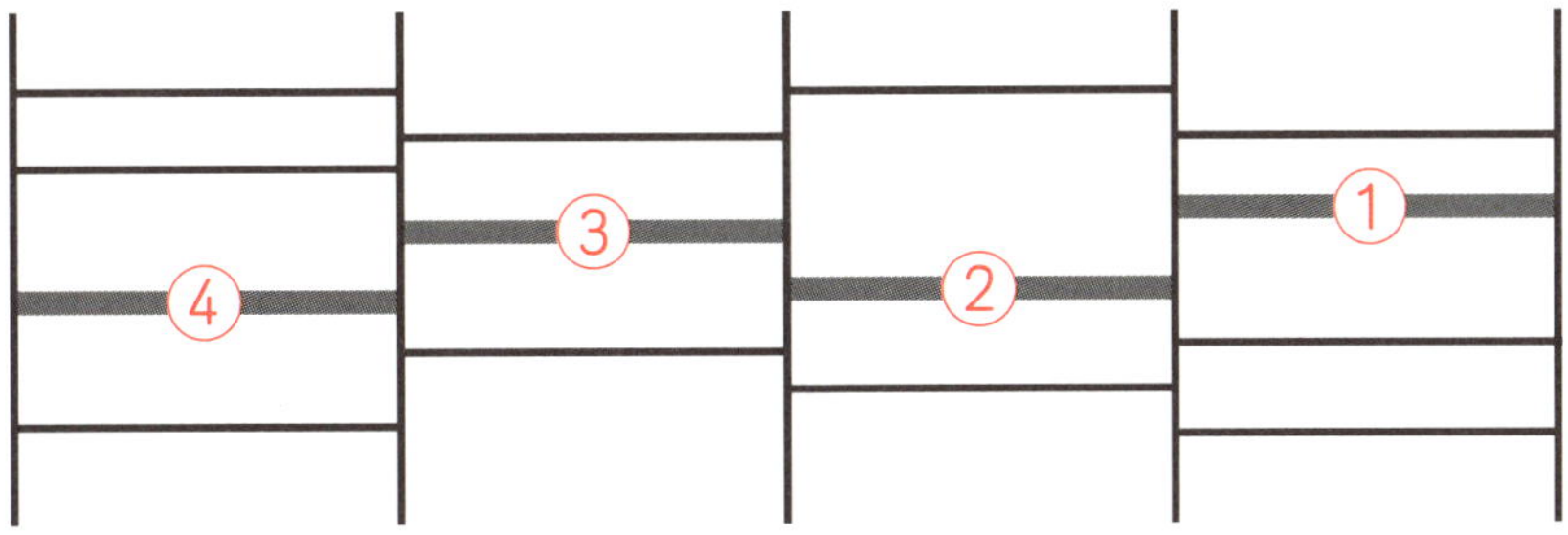

キリまで　上《あ》げる　持《も》ちぐされ　食《く》う　油《あぶら》を注《そそ》ぐ

爪《つめ》に　愛《あい》想《そ》を　やぶから　花《はな》を　顔《かお》色《いろ》を

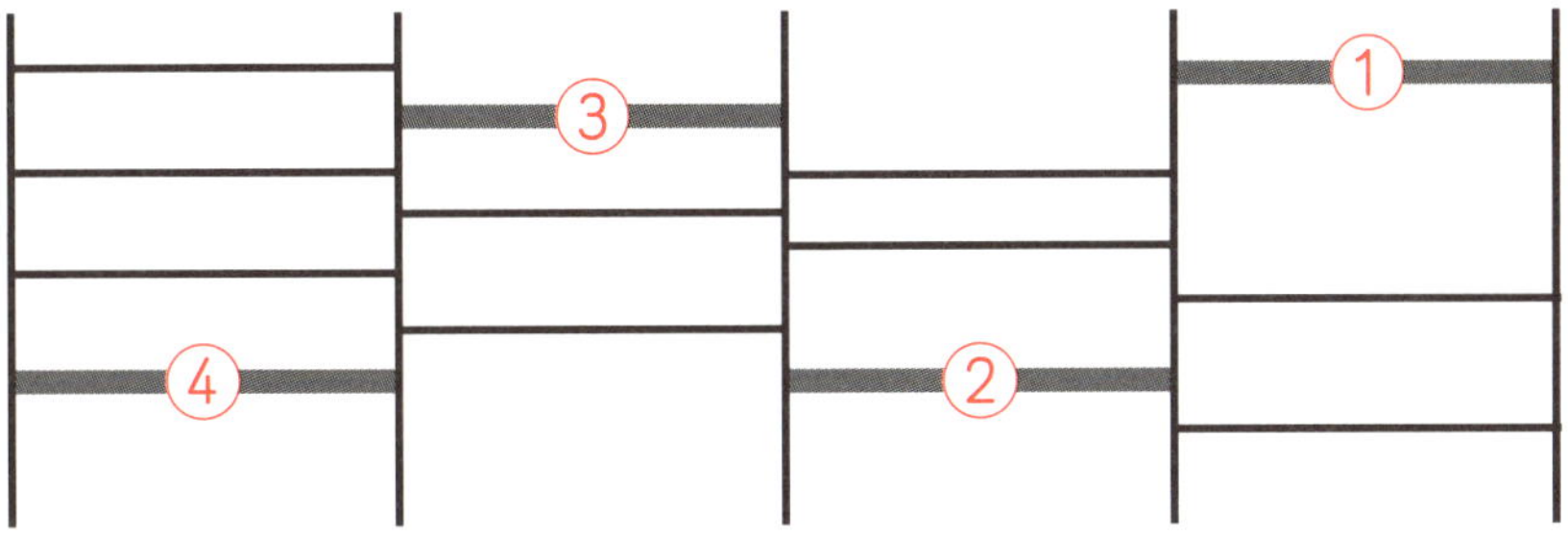

うかがう　持《も》たせる　火《ひ》をともす　つかす　棒《ぼう》

←答《こた》えは次《つぎ》のページ

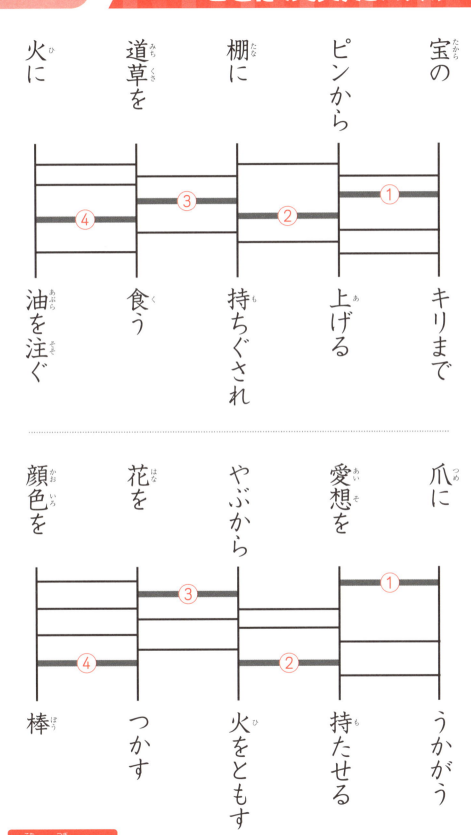

▼▼▼【79ページの答え】

［②と③を取《と》る］

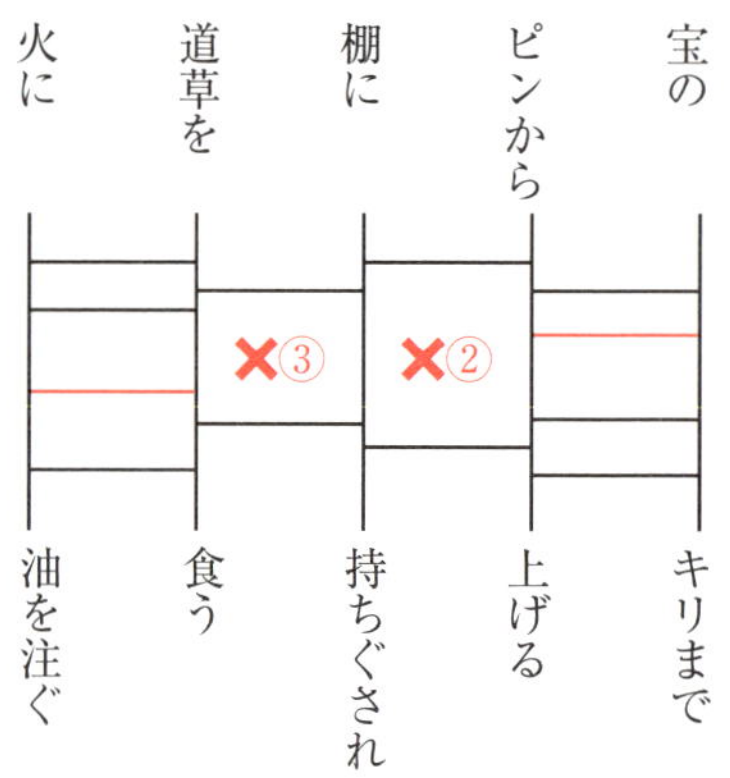

宝の
ピンから
棚に
道草を
火に
✕②
✕③
キリまで
上げる
持ちぐされ
食う
油を注ぐ

［①と③を取《と》る］

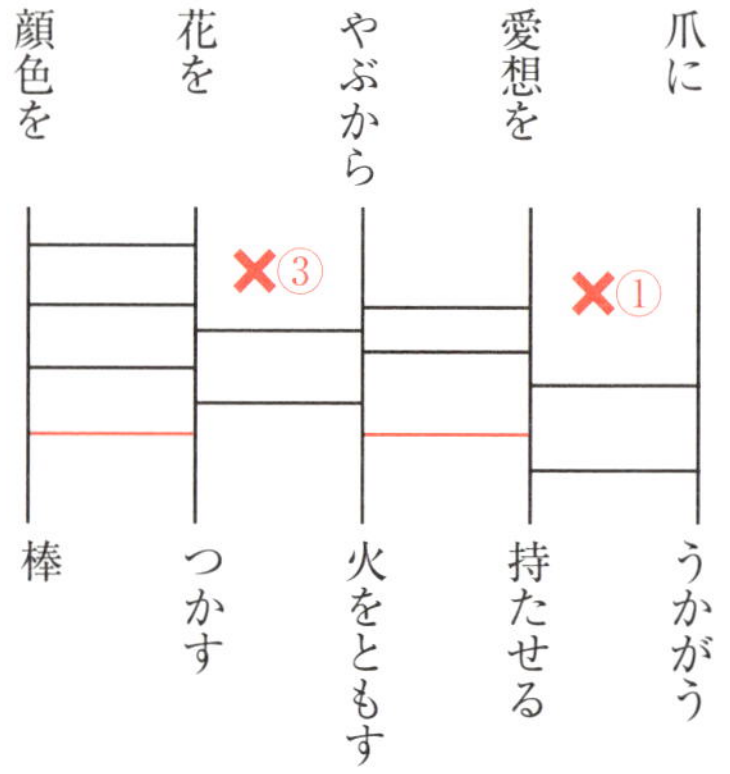

爪に
愛想を
やぶから
花を
顔色を
✕①
✕③
うかがう
持たせる
火をともす
つかす
棒

宝《たから》の持《も》ちぐされ

意味 役《やく》に立《た》つものや、すぐれた才能《さいのう》を持《も》ちながら、それを使《つか》っていないこと。

ピンからキリまで

意味 はじめから終《お》わりまで。いちばん良《よ》いものから、いちばん悪《わる》いものまで。

棚《たな》に上《あ》げる

意味 都合《つごう》の悪《わる》いことは問題《もんだい》にしないで、そのままにしておく。

道草《みちくさ》を食《く》う

意味 目的地《もくてきち》に行《い》くとちゅうで、よけいなことをして時間《じかん》をムダにする。

火《ひ》に油《あぶら》を注《そそ》ぐ

意味 いきおいがあるものに、さらにいきおいを加《くわ》えること。

爪《つめ》に火《ひ》をともす

意味 ろうそくのかわりに爪《つめ》に火《ひ》をともすほど貧《まず》しい。または、とてもケチである。

愛想《あいそ》をつかす

意味 すっかりイヤになって、相手《あいて》にしないこと。

やぶから棒《ぼう》

意味 物事《ものごと》をとつぜん行《おこな》うこと。

花《はな》を持《も》たせる

意味 めいよや勝利《しょうり》をゆずって、相手《あいて》を引《ひ》き立《た》たせる。

顔色《かおいろ》をうかがう

意味 相手《あいて》の表情《ひょうじょう》から、気持《きも》ちや考《かんが》えを読《よ》みとる。

おい、双眼鏡《そうがんきょう》で何《なに》を見《み》てるんだ？
テストがいつあるのか先生《せんせい》の「顔色《かおいろ》をうかがって」ます！
なるほど！それではこれからぬき打《う》ちテストにしよう！

この場合《ばあい》、先生《せんせい》の顔色《かおいろ》をうかがっても仕方《しかた》ないよね。それより「宝《たから》の持《も》ちぐされ」にならないように、自分《じぶん》がやるべきことをしっかりやろう！

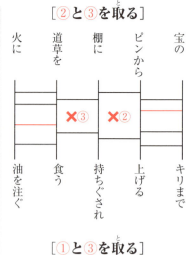

学習《がくしゅう》した日《ひ》

月　日

四字熟語

四字熟語《よじじゅくご》を探《さが》しだそう

左《ひだり》のブロックを、四字熟語《よじじゅくご》のまとまりごとに切《き》り分《わ》けよう。見《み》つけた四字熟語《よじじゅくご》を下《した》の□に書《か》きだそう。

兼《けん》	昼《ちゅう》	二《に》	者《しゃ》	択《たく》	一《いつ》
行《こう》	夜《や》	起《き》	右《う》	往《おう》	左《さ》
耕《こう》	晴《せい》	承《しょう》	喜《き》	怒《ど》	往《おう》
雨《う》	結《けつ》	転《てん》	一《いっ》	哀《あい》	楽《らく》
読《どく》	危《き》	心《しん》	不《ふ》	乱《らん》	不《ふ》
機《き》	一《いっ》	髪《ぱつ》	行《こう》	実《じっ》	言《げん》

←答《こた》えは次《つぎ》のページ

▼▼▼【81ページの答え】

兼	昼	二	者	択	一
行	夜	起	右	往	左
耕	晴	承	喜	怒	往
雨	結	転	一	哀	楽
読	危	心	不	乱	不
機	一	髪	行	実	言

二者択一《にしゃたくいつ》

意味

二《ふた》つのもののうち、どちらか一《ひと》つを選《えら》ぶこと。

昼夜兼行《ちゅうやけんこう》

意味

仕事《しごと》などを、昼《ひる》も夜《よる》も休《やす》まずに続《つづ》けること。

右往左往《うおうさおう》

意味

あたふたと混乱《こんらん》して、あちこち動《うご》き回《まわ》ること。

起承転結《きしょうてんけつ》

意味

文章《ぶんしょう》や物語《ものがたり》などの組《く》み立《た》てや順序《じゅんじょ》。

喜怒哀楽《きどあいらく》

意味

喜《よろこ》び、怒《いか》り、哀《かな》（悲《かな》）しみ、楽《たの》しみなど、人間《にんげん》の持《も》つさまざまな感情《かんじょう》のこと。

晴耕雨読《せいこううどく》

意味

晴《は》れた日《ひ》に田畑《たはた》を耕《たがや》し、雨《あめ》の日《ひ》には本《ほん》を読《よ》む。のんびりおだやかな暮《く》らしのようす。

一心不乱《いっしんふらん》

意味

ほかのことには気《き》を取《と》られずに、一《ひと》つのことを集中《しゅうちゅう》して行《おこな》うこと。

不言実行《ふげんじっこう》

意味

あれこれことばにせずに、だまって行動《こうどう》すること。

危機一髪《ききいっぱつ》

意味

後少《あとすこ》しで大変《たいへん》なことになりそうだったのをぎりぎりでさけること。

小学校《しょうがっこう》から大学《だいがく》まで一心不乱《いっしんふらん》に勉強《べんきょう》して…
社会人《しゃかいじん》になったら昼夜兼行《ちゅうやけんこう》で働《はたら》いて…
五十才《ごじっさい》になったら、晴耕雨読《せいこううどく》の暮《く》らしだ！
何《なに》を考《かんが》えてるんだろう？ミルクのことかな～？
よし、不言実行《ふげんじっこう》あるのみだ！
な～んにも考《かんが》えてないでしょ♪
「昼夜兼行《ちゅうやけんこう》」の兼行《けんこう》とは、一日《いちにち》に二日分《ふつかぶん》のきょりを進《すす》むことを表《あらわ》しているよ。そこから、夜《よる》も休《やす》まずに仕事《しごと》などをする意味《いみ》になったんだ。

ことわざ・慣用句

ことば入《い》れかえアナグラム

●ヒントの絵《え》を見《み》ながら文字《もじ》をうまく入《い》れかえて、元《もと》のことばを考《かんが》えよう。できたら、□にひらがなを入《い》れてね。（やりかたは23ページ）

① 星《ほし》、取《と》らぬがけ

し□□□　□□□

② 彼《かれ》へエビニラ玉《たま》煮《に》る

へ□□　□□□□□　□□□

③ いばらの下《げ》駄《た》、果《か》樹《じゅ》よ

よ□□　□□□□□　□□

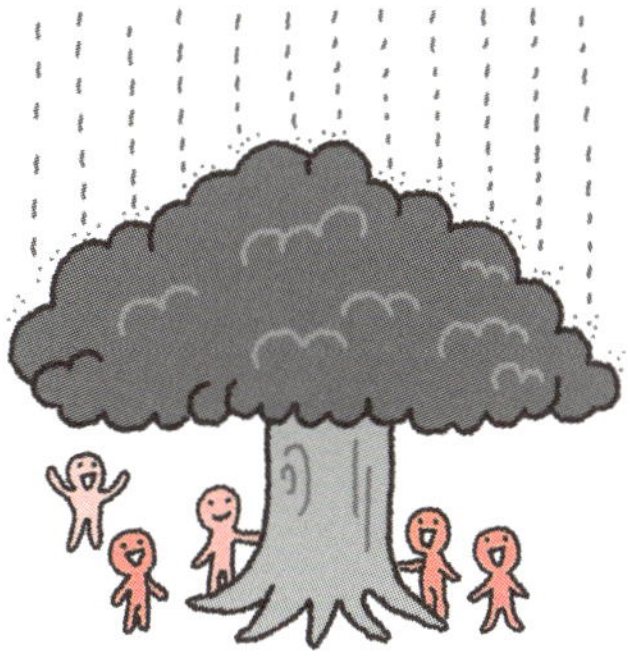

④ ひなの糸《いと》に無《む》心《しん》で鶴《つる》

と□□　□□□□　□□□□□

⑤ あれ？　アリス、勝《か》てるカバ耳《みみ》拾《ひろ》う！

す□□□□　□□□　ひ□□□□　□□

←答《こた》えは次《つぎ》のページ

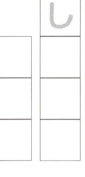

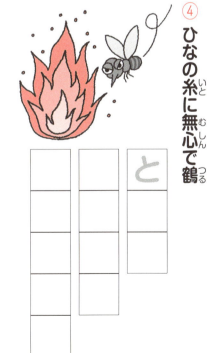

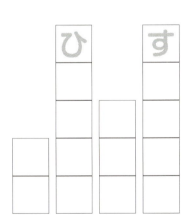

【83ページの答え】

※答《こた》えはすべてひらがなで書《か》きます。

① **知《し》らぬが仏《ほとけ》**

意味

知《し》ればイヤなことや気《き》になることでも、知《し》らないでいれば平気《へいき》でいられる。

② **蛇《へび》ににらまれたかえる**

意味

こわいものや苦手《にがて》なものを前《まえ》にして、体《からだ》がこわばって動《うご》けないようす。

③ **寄《よ》らば大樹《たいじゅ》の陰《かげ》**

意味

たよりにするならば、大《おお》きな力《ちから》を持《も》った人《ひと》やしっかりした組織《そしき》にたよったほうがいい。

④ **飛《と》んで火《ひ》に入《い》る夏《なつ》の虫《むし》**

意味

何《なに》も知《し》らずに、自分《じぶん》から進《すす》んできけんなところに飛《と》びこむこと。

⑤ **捨《す》てる神《かみ》あれば拾《ひろ》う神《かみ》あり**

意味

世《よ》の中《なか》には、自分《じぶん》を見捨《みす》てる人《ひと》もいれば、助《たす》けてくれる人《ひと》もいる。こまってもくよくよしないことだ。

夏《なつ》の夜《よる》、電灯《でんとう》の光《ひかり》に虫《むし》が集《あつ》まっているのを見《み》たことはあるかな? 電気《でんき》がなかった昔《むかし》は、光《ひかり》といえば火《ひ》のことだったんだ。炎《ほのお》の明《あか》るさに引《ひ》き寄《よ》せられて飛《と》んできたものの、その火《ひ》にふれたら、焼《や》けて死《し》んでしまうわけだ。

あぶないことが待《ま》ち受《う》けているとも知《し》らず、そこに自分《じぶん》から飛《と》びこんでいってしまうすがたを見《み》て、昔《むかし》の人《ひと》は**「飛《と》んで火《ひ》に入《い》る夏《なつ》の虫《むし》」**と言《い》ったんだよ。

学習《がくしゅう》した日《ひ》

月　　日

ことわざ・慣用句

どの写真《しゃしん》を使《つか》えばいいかな？

●正《ただ》しいことばになる写真《しゃしん》を選《えら》んで、記号《きごう》を書《か》こう。

①（　　　）の額《ひたい》

㋐ 馬《うま》

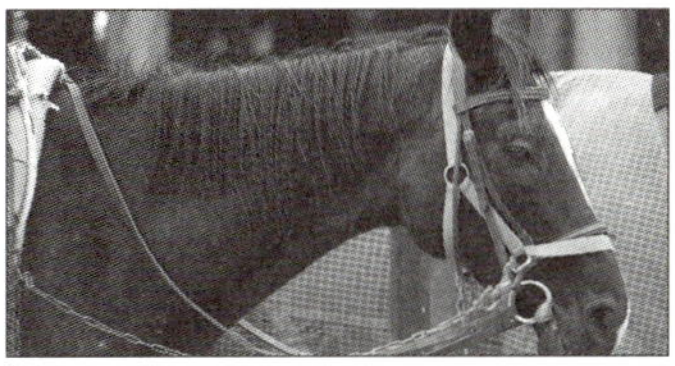

㋑ 犬《いぬ》

㋒ 猫《ねこ》

② どんぐり（　　　）の背《せい》比《くら》べ

㋐ どんぐり

㋑ 花《はな》

㋒ 亀《かめ》

③（　　　）の歩《あゆ》み

㋐ かに

㋑ 牛《うし》

㋒ ぶた

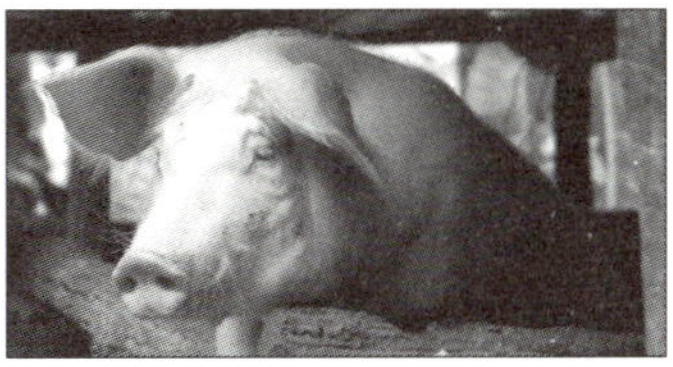

④ 焼《や》け石《いし》に（　　　）

㋐ 傘《かさ》

㋑ 肉《にく》

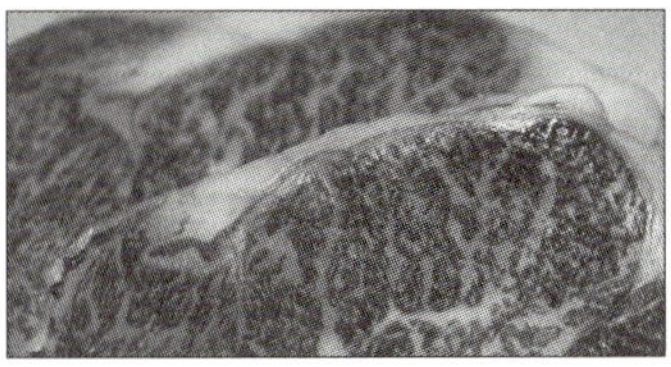

㋒ 水《みず》

←答《こた》えは次《つぎ》のページ

【85ページの答え】

①（ウ 猫《ねこ》）の額《ひたい》

意味 とてもせまい場所《ばしょ》のたとえ。

②（ア どんぐり）の背比《せいくら》べ

意味 いくつかのものが、にたような実力《じつりょく》やできばえであまりちがいがないこと。

③（イ 牛《うし》）の歩《あゆ》み

意味 物事《ものごと》の進《すす》みかたがおそいこと。

④焼《や》け石《いし》に（ウ 水《みず》）

意味 少《すこ》しの努力《どりょく》や助《たす》けでは、ほとんど効果《こうか》がないこと。

猫《ねこ》はことわざ・慣用句《かんようく》にひっぱりだこ

猫《ねこ》の額《ひたい》
とてもせまいこと。
猫《ねこ》に小判《こばん》（38ページ）
ものの価値《かち》をわかっていない。
プイッ
猫《ねこ》にかつおぶし
油断《ゆだん》できないこと。
猫《ねこ》をかぶる（52ページ）
おとなしいふりをする。
猫《ねこ》かわいがり
あまやかすようにかわいがること。
猫《ねこ》なで声《ごえ》
きげんをとるためのやさしい声《こえ》。
ニャンニャンニャー
猫《ねこ》の手《て》も借《か》りたい（78ページ）
だれでもいいから手伝《てつだ》ってほしい。
ZZZ…

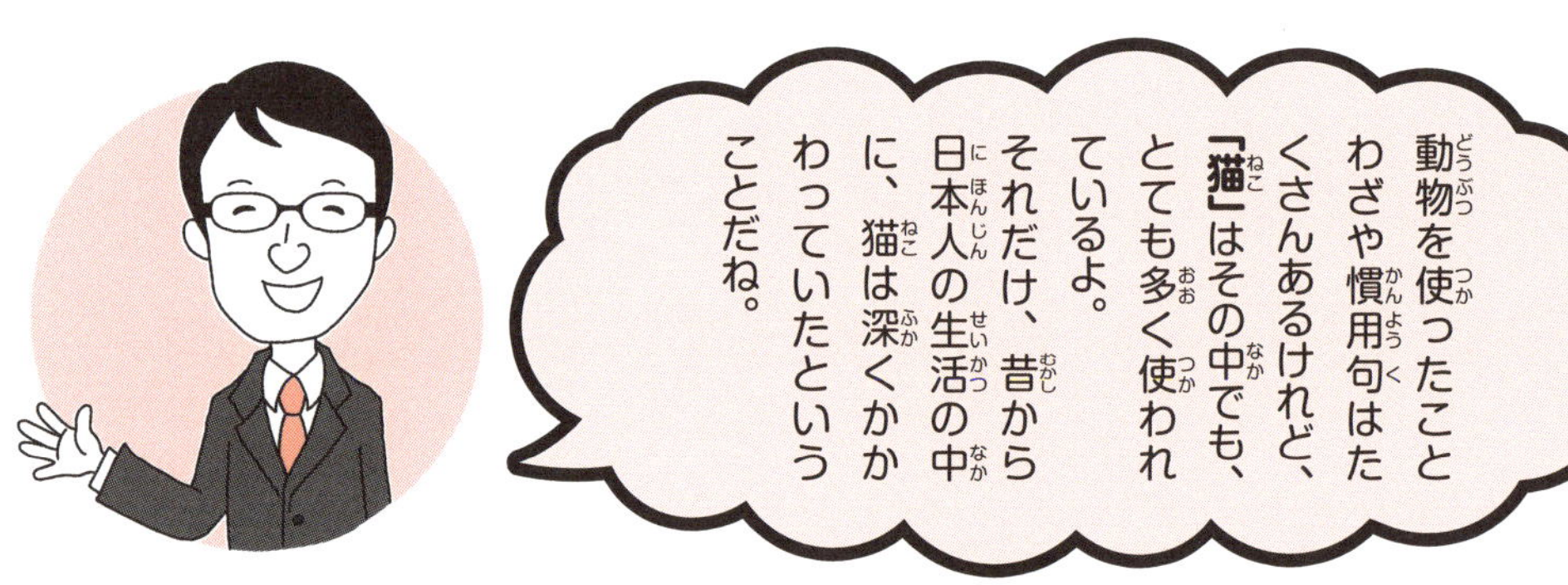
動物《どうぶつ》を使《つか》ったことわざや慣用句《かんようく》はたくさんあるけれど、「猫《ねこ》」はその中《なか》でも、とても多《おお》く使《つか》われているよ。
それだけ、昔《むかし》から日本人《にほんじん》の生活《せいかつ》の中《なか》に、猫《ねこ》は深《ふか》くかかわっていたということだね。

学習《がくしゅう》した日《ひ》
月　日

四字熟語

どの字《じ》がまちがっているかな？

● 四字熟語《よじじゅくご》のどこか一文字《ひともじ》がまちがっているよ。正《ただ》しい漢字《かんじ》に直《なお》そう。

① 一《いち》年《ねん》発《ほっ》起《き》

② 短《たん》刀《とう》直《ちょく》入《にゅう》

③ 心《しん》気《き》一《いっ》転《てん》

④ 意《い》心《しん》伝《でん》心《しん》

⑤ 一《いっ》挙《きょ》両《りょう》徳《とく》

⑥ 不《ふ》和《わ》雷《らい》同《どう》

⑦ 問《もん》外《がい》不《ふ》出《しゅつ》

⑧ 自《じ》我《が》自《じ》賛《さん》

⑨ 完《かん》全《ぜん》無《む》穴《けつ》

⑩ 絶《ぜっ》対《たい》絶《ぜつ》命《めい》

⑪ 全《ぜん》代《だい》未《み》聞《もん》

⑫ 大《たい》器《き》晩《ばん》生《せい》

⑬ 平《へい》真《しん》低《てい》頭《とう》

⑭ 急《きゅう》展《てん》直《ちょっ》下《か》

⑮ 意《い》気《き》投《とう》号《ごう》

⑯ 誠《せい》神《しん》誠《せい》意《い》

←答《こた》えは次《つぎ》のページ

【87ページの答え】

① 一年発起
↓ 一《いち》念《ねん》発《ほっ》起《き》
意味
思《おも》い立《た》って、何《なに》かを成《な》しとげようとがんばること。

② 短刀直入
↓ 単《たん》刀《とう》直《ちょく》入《にゅう》
意味
前置《まえお》きなしで、ストレートに話《はなし》をすること。

③ 心気一転
↓ 心《しん》機《き》一《いっ》転《てん》
意味
あることをきっかけに、気持《きも》ちが良《よ》い方向《ほうこう》に変《か》わること。

④ 意心伝心
↓ 以《い》心《しん》伝《でん》心《しん》
意味
ことばにしなくても、気持《きも》ちが相手《あいて》に伝《つた》わること。

⑤ 一挙両徳
↓ 一《いっ》挙《きょ》両《りょう》得《とく》
意味
一《ひと》つのことで、両方《りょうほう》を手《て》に入《い》れること。

⑥ 不和雷同
↓ 付《ふ》和《わ》雷《らい》同《どう》
意味
自分《じぶん》の意見《いけん》がなく、ほかの人《ひと》の意見《いけん》にすぐ賛成《さんせい》すること。

⑦ 問外不出
↓ 門《もん》外《がい》不《ふ》出《しゅつ》
意味
大切《たいせつ》にしまっておいて、外《そと》には出《だ》さないこと。

⑧ 自我自賛
↓ 自《じ》画《が》自《じ》賛《さん》
意味
自分《じぶん》のことを、自分《じぶん》でほめること。

⑨ 完全無文
↓ 完《かん》全《ぜん》無《む》欠《けつ》
意味
かんぺきで欠点《けってん》がまったくないこと。

⑩ 絶対絶命
↓ 絶《ぜっ》体《たい》絶《ぜつ》命《めい》
意味
追《お》いつめられて、どうにもならないこと。

⑪ 全代未聞
↓ 前《ぜん》代《だい》未《み》聞《もん》
意味
これまで、だれも聞《き》いたことがないようなめずらしいこと。

⑫ 大器晩生
↓ 大《たい》器《き》晩《ばん》成《せい》
意味
若《わか》いうちは目立《めだ》たなくても、年《とし》をとってから立派《りっぱ》になるということ。

⑬ 平真低頭
↓ 平《へい》身《しん》低《てい》頭《とう》
意味
体《からだ》をかがめ、頭《あたま》を下《さ》げてあやまったり、たのんだりするようす。

⑭ 急展直下
↓ 急《きゅう》転《てん》直《ちょっ》下《か》
意味
なりゆきが急《きゅう》に変《か》わって、解決《かいけつ》すること。

⑮ 意気投号
↓ 意《い》気《き》投《とう》合《ごう》
意味
おたがいの気持《きも》ちや意見《いけん》がぴたりと合《あ》うこと。

⑯ 誠神誠意
↓ 誠《せい》心《しん》誠《せい》意《い》
意味
うそがなくて、真面目《まじめ》な気持《きも》ちであること。

今日《きょう》のわしのヒゲ バッチリ決《き》まっとるじゃろ? どうじゃ、世界一《せかいいち》かな?
あ～ そうですね～
すごい自画自賛《じがじさん》だったね! 知《し》ってる人《ひと》?
うん、おじいちゃんの友《とも》だち! 自分《じぶん》でもね、「じがじいさん」って名乗《なの》ってるんだよ

「自画自賛《じがじさん》」は、自分《じぶん》の絵《え》に自分《じぶん》で賛《さん》（絵《え》に書《か》き加《くわ》える文《ぶん》や詩《し》のこと）を書《か》くことだよ。決《けっ》して悪《わる》いことではないんだ。

学習《がくしゅう》した日《ひ》　月　日

ことわざ・慣用句

ブロック分割《ぶんかつ》パズル

時《とき》	一《いっ》	は	く	聞《き》	る	ず	初《しょ》
の	恥《はじ》	聞《き》	か	ぬ	得《え》	ら	心《しん》
恥《はじ》	の	生《しょう》	一《いっ》	は	を	か	忘《わす》
て	っ	減《へ》	が	腹《はら》	生《しょう》	べ	る
は	戦《いくさ》	が	で	き	一《いっ》	鬼《おに》	の
鉄《てつ》	は	熱《あつ》	五《ご》	ぬ	に	ぬ	い
打《う》	て	い	十《じっ》	歩《ぽ》	死《し》	間《ま》	に
に	ち	う	歩《ぽ》	百《ひゃっ》	九《きゅう》	濯《たく》	洗《せん》

●文字《もじ》をうまくつなぐと、ことわざになるよ。たてかよこに続《つづ》けていこう。ななめやマスを飛《と》んではいけないよ。見《み》つけたら、下《した》に書《か》きだそう。

(　　　　)(　　　　)

(　　　　)(　　　　)

(　　　　)(　　　　)

(　　　　)

←答《こた》えは次《つぎ》のページ

▼▼▼【89ページの答え】

時	一	は	く	聞	る	ず	初
の	恥	聞	か	ぬ	得	ら	心
恥	の	生	一	は	を	か	忘
て	っ	減	が	腹	生	べ	る
は	戦	が	で	き	一	鬼	の
鉄	は	熱	五	ぬ	に	ぬ	い
打	て	い	十	歩	死	間	に
に	ち	う	歩	百	九	濯	洗

初心忘《しょしんわす》るべからず

意味
物事《ものごと》をはじめたころの、真剣《しんけん》な気持《きも》ちをわすれてはいけない。

鬼《おに》のいぬ間《ま》に洗濯《せんたく》

意味
こわい人《ひと》がいない間《あいだ》にのんびり好《す》きなことをやってくつろぐこと。

九死《きゅうし》に一生《いっしょう》を得《え》る

意味
ほとんど死《し》にそうなところを、やっとのことで助《たす》かる。

聞《き》くは一時《いっとき》の恥《はじ》　聞《き》かぬは一生《いっしょう》の恥《はじ》

意味
知《し》らないことを聞《き》くのは恥《は》ずかしいけれど、知《し》らないままだと一生《いっしょう》恥《は》ずかしい思《おも》いをするから、すぐに聞《き》いたほうがいい。

腹《はら》が減《へ》っては戦《いくさ》ができぬ

意味
おなかがすいていては、良《よ》い働《はたら》きはできない。

五十歩百歩《ごじっぽひゃっぽ》

意味
ほとんど差《さ》がない。にたりよったり。

鉄《てつ》は熱《あつ》いうちに打《う》て

意味
①人《ひと》は若《わか》いうちにきたえるのがよい。
②何《なに》かを行《おこな》うときには、いいタイミングを逃《に》がしてはいけない。

「聞《き》くは一時《いっとき》の恥《はじ》聞《き》かぬは一生《いっしょう》の恥《はじ》」というわけで思《おも》い切《き》って聞《き》きますが……「このドリルはおもしろかったかな?」
では、最後《さいご》に一言《ひとこと》。**「鉄《てつ》は熱《あつ》いうちに打《う》て」**。まちがえたり、わからなかったりした問題《もんだい》は、すぐにもう一度《いちど》やってみよう。頭《あたま》に入《はい》りやすくなること、うけ合《あ》いだよ。
ただし、**「腹《はら》が減《へ》っては戦《いくさ》ができぬ」**。あまいものでも食《た》べてから、さあやってみよう!

さくいん

あ行

あ

愛想《あいそ》をつかす……80
あいづちを打《う》つ……10
青菜《あおな》に塩《しお》……74
悪事千里《あくじせんり》を走《はし》る……34
悪戦苦闘《あくせんくとう》……12
揚《あ》げ足《あし》を取《と》る……48
あげくの果《は》て……10
あごで使《つか》う……52
足《あし》が地《ち》につかない……16
足《あし》が出《で》る……16
足《あし》が棒《ぼう》になる……72
足元《あしもと》に火《ひ》がつく……58
足元《あしもと》にもおよばない……16
足元《あしもと》を見《み》る……10
足《あし》を運《はこ》ぶ……16
足《あし》を引《ひ》っぱる……16
頭《あたま》が痛《いた》い……16
頭《あたま》が固《かた》い……16
頭《あたま》かくして尻《しり》かくさず……30
頭《あたま》が下《さ》がる……16
頭《あたま》をかかえる……16
頭《あたま》を冷《ひ》やす……16
後《あと》の祭《まつ》り……30
後《あと》は野《の》となれ山《やま》となれ……42
あぶはち取《と》らず……66
油《あぶら》を売《う》る……20
あまい汁《しる》をすう……30
雨降《あめふ》って地固《じかた》まる……18
ありの穴《あな》から堤《つつみ》もくずれる……42
合《あ》わせる顔《かお》がない……74
案《あん》ずるより産《う》むがやすし……8

い

意気投合《いきとうごう》……88
息《いき》を殺《ころ》す……20
異口同音《いくどうおん》……60
石《いし》の上《うえ》にも三年《さんねん》……8
石橋《いしばし》をたたいて渡《わた》る……8
医者《いしゃ》の不養生《ふようじょう》……34
以心伝心《いしんでんしん》……88
急《いそ》がば回《まわ》れ……34
いたちごっこ……26
板《いた》につく……10
一《いち》か八《ばち》か……48
一期一会《いちごいちえ》……54
一日千秋《いちじつせんしゅう》……60
一念発起《いちねんほっき》……88
一部始終《いちぶしじゅう》……44
一《いち》を聞《き》いて十《じゅう》を知《し》る……36
一攫千金《いっかくせんきん》……32
一喜一憂《いっきいちゆう》……70
一挙両得《いっきょりょうとく》……88
一所懸命《いっしょけんめい》……22
一進一退《いっしんいったい》……60
一心同体《いっしんどうたい》……60
一心不乱《いっしんふらん》……82
一寸先《いっすんさき》は闇《やみ》……56
一寸《いっすん》の虫《むし》にも五分《ごぶ》の魂《たましい》……56
一石二鳥《いっせきにちょう》……76
一朝一夕《いっちょういっせき》……60
一長一短《いっちょういったん》……70
一刀両断《いっとうりょうだん》……76
犬《いぬ》も歩《ある》けば棒《ぼう》に当《あ》たる……38
井《い》の中《なか》のかわず大海《たいかい》を知《し》らず……78
意味深長《いみしんちょう》……12
いわしの頭《あたま》も信心《しんじん》から……46
言《い》わぬが花《はな》……36

う

右往左往《うおうさおう》……82
雨後《うご》のたけのこ……24
牛《うし》の歩《あゆ》み……86
後《うし》ろ髪《がみ》を引《ひ》かれる……48
有象無象《うぞうむぞう》……54
うつつをぬかす……68
腕《うで》が上《あ》がる……40
腕《うで》が立《た》つ……64
腕《うで》が鳴《な》る……40
腕《うで》に覚《おぼ》えがある……40
腕《うで》によりをかける……40
腕《うで》をみがく……40
うどの大木《たいぼく》……62
うなぎの寝床《ねどこ》……46
うなぎのぼり……26
う飲《の》みにする……74
うまが合《あ》う……26
馬《うま》の耳《みみ》に念仏《ねんぶつ》……46
海千山千《うみせんやません》……32
裏目《うらめ》に出《で》る……64

え

絵《え》にかいたもち……42
海老《えび》で鯛《たい》をつる……78
えりを正《ただ》す……64
縁《えん》の下《した》の力持《ちからも》ち……14

お

おうむ返《がえ》し……26
大船《おおぶね》に乗《の》ったよう……58
おかに上《あ》がったかっぱ……34
奥歯《おくば》にものがはさまる……30
お茶《ちゃ》をにごす……10
同《おな》じ穴《あな》のむじな……58
同《おな》じかまの飯《めし》を食《く》う……14

鬼《おに》が出《で》るか蛇《じゃ》が出《で》るか……36
鬼《おに》に金棒《かなぼう》……42
鬼《おに》のいぬ間《ま》に洗濯《せんたく》……90
鬼《おに》の首《くび》をとったよう……58
帯《おび》に短《みじか》したすきに長《なが》し……66
おぼれるものはわらをもつかむ……14
思《おも》うつぼ……50
親《おや》の心子《こころこ》知《し》らず……56
親《おや》のすねをかじる……48
温故知新《おんこちしん》……22

か行

か

かい犬《いぬ》に手《て》をかまれる……72
かえるの子《こ》はかえる……72
かえるの面《つら》に水《みず》……8
顔色《かおいろ》をうかがう……80
顔《かお》が売《う》れる……16
顔《かお》が立《た》つ……16
顔《かお》が広《ひろ》い……16
顔《かお》から火《ひ》が出《で》る……30
顔《かお》にどろをぬる……16
顔《かお》を合《あ》わせる……16
かたずをのむ……20
肩《かた》で息《いき》をする……16
肩《かた》の荷《に》がおりる……30
肩身《かたみ》がせまい……16
肩《かた》をいからす……16
肩《かた》をならべる……16
肩《かた》を持《も》つ……16
火中《かちゅう》の栗《くり》を拾《ひろ》う……78
花鳥風月《かちょうふうげつ》……76
隔靴掻痒《かっかそうよう》……42
勝《か》ってかぶとの緒《お》をしめよ……62
かっぱの川流《かわなが》れ……66
我田引水《がでんいんすい》……60
角《かど》が立《た》つ……64
かぶとをぬぐ……20
壁《かべ》に耳《みみ》あり障子《しょうじ》に目《め》あり……66
果報《かほう》は寝《ね》て待《ま》て……36
かまをかける……50
かめの甲《こう》より年《とし》の功《こう》……46
からすの行水《ぎょうずい》……26
枯《か》れ木《き》も山《やま》のにぎわい……46
かわいい子《こ》には旅《たび》をさせよ……28
感慨無量《かんがいむりょう》……44
完全無欠《かんぜんむけつ》……88

き

気《き》が置《お》けない……40
気《き》が重《おも》い……64
気《き》が利《き》く……40
気《き》がつく……64
気《き》が強《つよ》い……40
気《き》が引《ひ》ける……40
危機一髪《ききいっぱつ》……82
聞《き》くは一時《いっとき》の恥《はじ》聞《き》かぬは一生《いっしょう》の恥《はじ》……90
起死回生《きしかいせい》……22
きじも鳴《な》かずばうたれまい……56
起承転結《きしょうてんけつ》……82
奇想天外《きそうてんがい》……44
木《き》で鼻《はな》をくくる……48
喜怒哀楽《きどあいらく》……82
気《き》に病《や》む……40
肝《きも》がすわる……40
肝《きも》が小《ちい》さい……40
肝《きも》に銘《めい》じる……40
肝《きも》をつぶす……40
肝《きも》を冷《ひ》やす……40
九死《きゅうし》に一生《いっしょう》を得《え》る……90
窮鼠《きゅうそ》猫《ねこ》をかむ……66
急転直下《きゅうてんちょっか》……88
灸《きゅう》をすえる……50
木《き》を見《み》て森《もり》を見《み》ず……36

く

くぎをさす……20
くさいものにふた……46
口《くち》が重《おも》い……64
口《くち》がかたい……16
口《くち》が軽《かる》い……16
口《くち》がすべる……16
口車《くちぐるま》に乗《の》せられる……48
口《くち》はわざわいのもと……30
口火《くちび》を切《き》る……52
口《くち》を出《だ》す……16
口《くち》をはさむ……16
首《くび》が回《まわ》らない……40
首《くび》をかしげる……40
首《くび》をすくめる……40
首《くび》をつっこむ……40
首《くび》を長《なが》くする……40
くもの子《こ》をちらす……68
雲《くも》をつかむよう……20

け

鶏口《けいこう》となるも牛後《ぎゅうご》となるなかれ……46
けがの功名《こうみょう》……42
けりをつける……30
犬猿《けんえん》の仲《なか》……34

こ

光陰矢《こういんや》のごとし……46
後悔先《こうかいさき》に立《た》たず……18
弘法《こうぼう》にも筆《ふで》のあやまり……14
紺屋《こうや》の白《しろ》ばかま……72
業《ごう》を煮《に》やす……36
心《こころ》が通《かよ》う……40
心《こころ》がはずむ……40

心《こころ》にきざむ……40
心《こころ》を打《う》つ……40
心《こころ》を鬼《おに》にする……40
古今東西《ここんとうざい》……12
腰《こし》が軽《かる》い……40
腰《こし》が低《ひく》い……40
虎視眈眈《こしたんたん》……76
五十歩百歩《ごじっぽひゃっぽ》……90
腰《こし》を上《あ》げる……40
腰《こし》を折《お》る……64
腰《こし》をすえる……40
腰《こし》をぬかす……40
五里霧中《ごりむちゅう》……32
転《ころ》ばぬ先《さき》のつえ……28
転《ころ》んでもただでは起《お》きない……28
言語道断《ごんごどうだん》……70

さ行

さ

さじを投《な》げる……20
さばを読《よ》む……58
猿《さる》も木《き》から落《お》ちる……24
さわらぬ神《かみ》にたたりなし……34
三度目《さんどめ》の正直《しょうじき》……36
三人《さんにん》よれば文殊《もんじゅ》の知恵《ちえ》……8

し

自画自賛《じがじさん》……88
しきいが高《たか》い……64
四苦八苦《しくはっく》……54
試行錯誤《しこうさくご》……22
自業自得《じごうじとく》……54
舌鼓《したつづみ》を打《う》つ……64
舌《した》の根《ね》のかわかぬうちに……58
七転八倒《しちてんばっとう》……60
失敗《しっぱい》は成功《せいこう》のもと……66
尻尾《しっぽ》を出《だ》す……48
しのぎをけずる……50
しびれを切《き》らす……20
四面楚歌《しめんそか》……32
弱肉強食《じゃくにくきょうしょく》……70
蛇《じゃ》の道《みち》は蛇《へび》……36
終始一貫《しゅうしいっかん》……44
十人十色《じゅうにんといろ》……54
取捨選択《しゅしゃせんたく》……22
首尾一貫《しゅびいっかん》……76
順風満帆《じゅんぷうまんぱん》……76
正直《しょうじき》は一生《いっしょう》の宝《たから》……66
初心忘《しょしんわす》るべからず……90
知《し》らぬが仏《ほとけ》……84
尻馬《しりうま》に乗《の》る……48
心機一転《しんきいってん》……88
針小棒大《しんしょうぼうだい》……60

す

好《す》きこそ物《もの》の上手《じょうず》なれ……34
すずめの涙《なみだ》……26
捨《す》てる神《かみ》あれば拾《ひろ》う神《かみ》あり……84
図《ず》に当《あ》たる……52
図《ず》に乗《の》る……10

せ

晴耕雨読《せいこううどく》……82
誠心誠意《せいしんせいい》……88
正正堂堂《せいせいどうどう》……54
急《せ》いてはことをしそんじる……72
切磋琢磨《せっさたくま》……22
絶体絶命《ぜったいぜつめい》……88
背《せ》に腹《はら》は変《か》えられぬ……56
世話《せわ》を焼《や》く……20
千載一遇《せんざいいちぐう》……60
千差万別《せんさばんべつ》……32
前人未到《ぜんじんみとう》……12
前代未聞《ぜんだいみもん》……88
前途洋洋《ぜんとようよう》……54
善《ぜん》は急《いそ》げ……34
千変万化《せんぺんばんか》……70
千里《せんり》の道《みち》も一歩《いっぽ》から……72
全力投球《ぜんりょくとうきゅう》……60

た行

た

大願成就《たいがんじょうじゅ》……60
大器晩成《たいきばんせい》……88
大胆不敵《だいたんふてき》……22
大同小異《だいどうしょうい》……60
たががゆるむ……50
宝《たから》の持《も》ちぐされ……80
たかをくくる……20
竹《たけ》を割《わ》ったよう……74
ただより高《たか》いものはない……46
立《た》つ鳥《とり》あとをにごさず……46
立《た》て板《いた》に水《みず》……42
蓼食《たでく》う虫《むし》も好《す》き好《ず》き……66
棚《たな》からぼたもち……8
棚《たな》に上《あ》げる……80
たぬき寝入《ねい》り……26
他力本願《たりきほんがん》……60
単刀直入《たんとうちょくにゅう》……88

ち

血《ち》も涙《なみだ》もない……58
忠言耳《ちゅうげんみみ》に逆《さか》らう……36
昼夜兼行《ちゅうやけんこう》……82
朝令暮改《ちょうれいぼかい》……44
ちりも積《つ》もれば山《やま》となる……78

つ

月《つき》とすっぽん……24
角《つの》をためて牛《うし》を殺《ころ》す……66
爪《つめ》に火《ひ》をともす……80
つるの一声《ひとこえ》……46

つるは千年《せんねん》かめは万年《まんねん》……38

て

適材適所《てきざいてきしょ》……54
鉄《てつ》は熱《あつ》いうちに打《う》て……90
手《て》にあせをにぎる……30
手《て》にあまる……16
出《で》る杭《くい》は打《う》たれる……46
手《て》を打《う》つ……16
手《て》をつける……16
手《て》を広《ひろ》げる……16
手《て》を焼《や》く……16
電光石火《でんこうせっか》……70

と

灯台下暗《とうだいもとくら》し……14
とうふにかすがい……24
東奔西走《とうほんせいそう》……70
とびがたかを生《う》む……78
途方《とほう》に暮《く》れる……10
とらぬたぬきの皮算用《かわざんよう》……56
虎《とら》の威《い》を借《か》るきつね……78
とらの子《こ》……26
取《と》りつく島《しま》もない……58
鳥肌《とりはだ》が立《た》つ……64
どんぐりの背比《せいくら》べ……86
飛《と》んで火《ひ》に入《い》る夏《なつ》の虫《むし》……84

な行

な

長《なが》い物《もの》には巻《ま》かれろ……28
泣《な》きっ面《つら》に蜂《はち》……36
情《なさ》けは人《ひと》のためならず……28
七転《ななころ》び八起《やお》き……18

に

二階《にかい》から目薬《めぐすり》……42
逃《に》がした魚《さかな》は大《おお》きい……42
苦虫《にがむし》をかみつぶしたよう……66
二者択一《にしゃたくいつ》……82
二束三文《にそくさんもん》……32
日進月歩《にっしんげっぽ》……70
二兎《にと》追《お》うものは一兎《いっと》をも得《え》ず……78

ぬ

ぬかにくぎ……14
ぬれ手《て》で粟《あわ》……72

ね

猫《ねこ》かわいがり……86
猫《ねこ》なで声《ごえ》……86
猫《ねこ》にかつおぶし……86
猫《ねこ》に小判《こばん》……38・86
猫《ねこ》の手《て》も借《か》りたい……78・86
猫《ねこ》の額《ひたい》……86
猫《ねこ》をかぶる……52・86
寝耳《ねみみ》に水《みず》……48
寝《ね》る子《こ》は育《そだ》つ……56

の

能《のう》あるたかは爪《つめ》をかくす……78
残《のこ》りものには福《ふく》がある……72
のどから手《て》が出《で》る……48
のど元《もと》すぎれば熱《あつ》さをわすれる……78
のれんに腕《うで》おし……24

は行

は

歯《は》が立《た》たない……52
破顔一笑《はがんいっしょう》……44
馬耳東風《ばじとうふう》……76
はしにも棒《ぼう》にもかからない……66
八方美人《はっぽうびじん》……32
はとに豆鉄砲《まめでっぽう》……26
鼻《はな》が高《たか》い……40
鼻《はな》で笑《わら》う……40
鼻《はな》にかける……40
鼻《はな》につく……40
花《はな》より団子《だんご》……24
鼻《はな》をあかす……40
花《はな》を持《も》たせる……80
歯《は》に衣着《きぬき》せぬ……72
早起《はやお》きは三文《さんもん》の徳《とく》……66
腹《はら》がすわる……48
腹《はら》が減《へ》っては戦《いくさ》ができぬ……90
腹《はら》にすえかねる……40
腹《はら》の虫《むし》がおさまらない……40
腹《はら》を決《き》める……40
腹《はら》を探《さぐ》る……40
腹《はら》を割《わ》る……40
半信半疑《はんしんはんぎ》……54

ひ

ひざを打《う》つ……64
ひざを正《ただ》す……64
人《ひと》の口《くち》に戸《と》は立《た》てられない……66
人《ひと》のふり見《み》て我《わ》がふり直《なお》せ……72
人《ひと》を見《み》たらどろぼうと思《おも》え……34
火《ひ》に油《あぶら》を注《そそ》ぐ……80
火《ひ》のない所《ところ》にけむりは立《た》たぬ……34
百戦錬磨《ひゃくせんれんま》……12
百聞《ひゃくぶん》は一見《いっけん》にしかず……28
百発百中《ひゃっぱつひゃくちゅう》……70
ひょうたんからこま……62
ピンからキリまで……80

ふ

覆水盆《ふくすいぼん》に返《かえ》らず……62
袋《ふくろ》のねずみ……26
不言実行《ふげんじっこう》……82
武士《ぶし》は食《く》わねど高《たか》ようじ……62
豚《ぶた》に真珠《しんじゅ》……78
筆《ふで》が立《た》つ……64
不眠不休《ふみんふきゅう》……54
付和雷同《ふわらいどう》……88
文武両道《ぶんぶりょうどう》……12

へ

平身低頭《へいしんていとう》……88
へそを曲《ま》げる……74

下手《へた》の横好《よこず》き……34

ほ

蛇《へび》にらまれたかえる……84
傍若無人《ぼうじゃくぶじん》……76
仏《ほとけ》の顔《かお》も三度《さんど》……8
骨折《ほねお》り損《ぞん》のくたびれもうけ……34
骨《ほね》が折《お》れる……48
骨《ほね》を折《お》る……64
ぼろが出《で》る……64
本末転倒《ほんまつてんとう》……60

ま行

ま

まかぬ種《たね》は生《は》えぬ……78
待《ま》てば海路《かいろ》の日和《ひより》あり……36
まな板《いた》の鯉《こい》……56
満《まん》を持《じ》す……52

み

身《み》から出《で》たさび……72
みこしを上《あ》げる……50
水《みず》に流《なが》す……10
水《みず》を得《え》た魚《うお》のよう……34
道草《みちくさ》を食《く》う……80
三日坊主《みっかぼうず》……32
三《み》つ子《ご》の魂百《たましいひゃく》まで……46
身《み》にしみる……40
身《み》につく……40
身《み》の毛《け》がよだつ……40
耳《みみ》が痛《いた》い……16
耳《みみ》が早《はや》い……16
耳《みみ》にたこができる……30
耳《みみ》につく……64
耳《みみ》を疑《うたが》う……16
耳《みみ》をかす……16
耳《みみ》をかたむける……16
身《み》を入《い》れる……40
身《み》を粉《こ》にする……40
実《み》を結《むす》ぶ……52

む

昔取《むかしと》ったきねづか……62
無我夢中《むがむちゅう》……60
虫《むし》がいい……8
虫《むし》のいどころが悪《わる》い……58
胸《むね》が痛《いた》む……16
胸《むね》がいっぱいになる……30
胸《むね》にきざむ……16
胸《むね》を打《う》つ……16
胸《むね》を借《か》りる……16
胸《むね》をなでおろす……16

め

明鏡止水《めいきょうしすい》……12
目《め》が利《き》く……16
目《め》が高《たか》い……64
目《め》がない……16
目《め》からうろこが落《お》ちる……58
目《め》から鼻《はな》へぬける……36
目《め》の色《いろ》を変《か》える……74
目《め》の中《なか》に入《い》れても痛《いた》くない……68
目《め》は口《くち》ほどにものを言《い》う……72
目《め》を疑《うたが》う……16
目《め》をかける……16
目《め》を皿《さら》のようにする……30
目《め》を三角《さんかく》にする……58
目《め》を丸《まる》くする……16

も

餅《もち》は餅屋《もちや》……36
桃栗三年柿八年《ももくりさんねんかきはちねん》……66
門外不出《もんがいふしゅつ》……88

や行

や

焼《や》け石《いし》に水《みず》……86
柳《やなぎ》に風《かぜ》……58
柳《やなぎ》の下《した》にいつもどじょうはいない……38
やぶから棒《ぼう》……80
やぶをつついて蛇《へび》を出《だ》す……34

ゆ

唯一無二《ゆいいつむに》……44
有言実行《ゆうげんじっこう》……60
優柔不断《ゆうじゅうふだん》……12
有名無実《ゆうめいむじつ》……60
油断大敵《ゆだんたいてき》……60

よ

用意周到《よういしゅうとう》……22
羊頭狗肉《ようとうくにく》……76
横車《よこぐるま》をおす……52
横《よこ》やりを入《い》れる……52
寄《よ》らば大樹《たいじゅ》の陰《かげ》……84
弱《よわ》り目《め》にたたり目《め》……36

ら行

り

竜頭蛇尾《りゅうとうだび》……44
両手《りょうて》に花《はな》……46
良薬《りょうやく》は口《くち》に苦《にが》し……36
臨機応変《りんきおうへん》……44

る

類《るい》は友《とも》を呼《よ》ぶ……66

ろ

老若男女《ろうにゃくなんにょ》……76
論《ろん》より証拠《しょうこ》……66

わ行

わ

渡《わた》りに船《ふね》……24
渡《わた》る世間《せけん》に鬼《おに》はない……34

齋藤 孝（さいとう・たかし）
東京大学法学部卒業。同大学院教育学研究科博士課程を経て、明治大学文学部教授。専門は、教育学、身体論、コミュニケーション論。著書に『声に出して読みたい日本語』（草思社）、『齋藤孝の声に出しておぼえることわざかるた』『齋藤孝の声に出しておぼえる 四字熟語かるた』（幻冬舎）、『これでカンペキ！ マンガでおぼえる四字熟語』『これでカンペキ！ マンガでおぼえることわざ・慣用句』（岩崎書店）、『こども「学問のすすめ」』（筑摩書房）、『こども孫子の兵法』（日本図書センター）など多数。NHK Eテレ「にほんごであそぼ」総合指導。

イラスト：チョッちゃん
カバーデザイン：小口翔平（tobufune）
本文デザイン：宇都木スズムシ（ムシカゴグラフィクス）
編集協力：宮崎祥子、原真喜夫・原徳子（スキップ）

齋藤孝の書いておぼえる語彙力アップドリル
四字熟語・ことわざ・慣用句

2018年7月10日　第1刷発行
2025年5月15日　第8刷発行

著　者　齋藤 孝
発行人　見城 徹
編集人　中村晃一
編集者　丸山祥子

発行所　株式会社 幻冬舎
〒151-0051　東京都渋谷区千駄ヶ谷4-9-7
電話　03（5411）6215（編集）
　　　03（5411）6222（営業）

印刷・製本所　中央精版印刷株式会社
検印廃止

ISBN 978-4-344-97981-9　C6081

ホームページアドレス　http://www.gentosha-edu.co.jp/
この本に関するご意見・ご感想は、下記よりお寄せください。
https://www.gentosha.co.jp/e/edu/